Heinz Janssen

Berührungspunkte

Heinz Janssen

Berührungspunkte

Worte der Bibel ins Heute gedacht

Fromm Verlag

Impressum/Imprint (nur für Deutschland/ only for Germany)
Bibliografische Information der Deutschen Nationalbibliothek: Die Deutsche Nationalbibliothek verzeichnet diese Publikation in der Deutschen Nationalbibliografie; detaillierte bibliografische Daten sind im Internet über http://dnb.d-nb.de abrufbar.

Contact:
International Book Market Service Ltd., 17 Rue Meldrum, Beau Bassin, 1713-01 Mauritius
Website: www.bookmarketservice.com
Email: info@bookmarketservice.com

Gedruckt in: USA, UK, Deutschland. Dieses Buch wurde nicht in Mauritius produziert.

Imprint (only for USA, GB)
Bibliographic information published by the Deutsche Nationalbibliothek: The Deutsche Nationalbibliothek lists this publication in the Deutsche Nationalbibliografie; detailed bibliographic data are available in the Internet at http://dnb.d-nb.de.

Contact:
International Book Market Service Ltd., 17 Rue Meldrum, Beau Bassin, 1713-01 Mauritius
Website: www.bookmarketservice.com
Email: info@bookmarketservice.com

Printed in: U.S.A., U.K., Germany. This book was not produced in Mauritius.

ISBN: 978-3-8416-0053-0

Inhalt

II. Osterzeit 38

Anhang

Vorwort

Die hier zusammengestellten Auslegungen[1] zu Texten der Bibel gehen auf Predigtvorbereitungen und Predigtmanuskripte zurück.[2] Durch die umfassende Bearbeitung, die ich mir auferlegte, entstanden, für mich überraschend, neue Texte, bis hin zu geformten „Verdichtungen". Es sind Ergebnisse des immer wieder neuen Hörens auf die Worte in dem Buch Gottes[3] und des Suchens nach „Berührungspunkten" für Glauben und Leben, auch im Gespräch mit den Auslegungen in Vergangenheit und Gegenwart. Auf die ursprünglichen Gedanken zur jeweiligen Gemeindesituation habe ich bewusst verzichtet.

Die Bibeltexte folgen der Übersetzung Martin Luthers (Revision 1984), sie sind den Auslegungen mit Bedacht stets vorangestellt. Ihre Zuordnung zum Kirchenjahr (S. 5-8) bietet eine Lesehilfe, die sich seit Jahrhunderten bewährt. Es nimmt die Leserin, den Leser, in die Dynamik biblischer Themen sowie der Geschichte des Glaubens hinein und verbindet sie mit der Gemeinschaft des weltweiten Volkes Gottes. Jede Auslegung kann aber auch

---

[1] Zum Thema „Auslegung" eines biblischen Textes s. z. B. Albrecht Grözinger, Homiletik. Lehrbuch Praktische Theologie, Band 2, Gütersloh 2008, S. 154-157. Vgl. Rudolf Bohren, Dem Worte folgen. Predigt und Gemeinde, Leck 1969, S. 69ff. (= Siebestern Taschenbuch 133); Reiner Marquard, Predigt – Vom Hören und Reden, in: Ders., Glauben leben, Kirche gestalten, Gottesdienst feiern. Ein theologischer Leitfaden für das Ehrenamt, Stuttgart 2004, S. 134ff.

[2] Es handelt sich um Predigten, die ich seit der Wende zum dritten Jahrtausend, in den Jahren 2000 bis 2007, meist in der Providenz-Kirche Heidelberg (der ersten lutherischen Pfarrkirche in Heidelberg, heute uniert), einige seit 2007 bis 2010 in Karlsruhe und anderen Orten der Evangelischen Landeskirche in Baden, gehalten habe. Einige davon sind in den Pastoralblätter(n). Predigt – Gottesdienst – Seelsorge - Die Praxis, hg. von Gerhard Engelsberger, Verlag Kreuz, Stuttgart, auch www.pastoralblaetter.de, veröffentlicht, andere in den seit langem bestehenden Internetportalen: Göttinger Predigten im Internet, www.predigten.uni-goettingen.de/aktuell.php und www.goettinger-predigten.de, hg. v. Ulrich Nembach; Online Predigten, www.online-predigten.de, hg. v. Christoph Dinkel, Isolde Karle, Johannes Neukirch; Die Predigtdatenbank, Trilos GbR, www.predigten.de, hg. v. Ulrich Hacke, Frank Staude, Ralf Schreiber; Heidelberger Predigt Forum, www.predigtforum.de, hg. von Heinz Janssen. 40 Predigten finden sich in: Die Predigt-CD-ROM. Über 800 Predigten für das ganze Kirchenjahr. Eine Produktion von predigten.de, Trilos, Ronnenberg, 2001. Eine Reihe meiner „Predigthilfen" bzw. „Predigtimpulse" sind aufgenommen in: Deutsches Pfarrerblatt. Die Zeitschrift evangelischer Pfarrerinnen und Pfarrer, Kassel, auch: www.deutsches-pfarrerblatt.de.

[3] Vgl. Jesaja 34,16 und Johannes 5,39 sowie Hans Wildberger, Jesaja 28-39, BK X/3, Neukirchen-Vluyn 1983, S. 1349f.

als eigenständige Einheit in beliebiger Reihenfolge gelesen werden. Ein Bibelstellenverzeichnis (S. 126ff.), ein Verzeichnis der Bibeltexte nach dem Kirchenjahr (S. 130ff.) und ein Literaturverzeichnis (S. 133ff.) sind im Anhang beigefügt.

Die Auslegungen gehen von der unerschöpflichen Deutungsfülle und Deutungsoffenheit der biblischen Texte aus. Darum suchen sie wie die Bibeltexte den Dialog, um gemeinsam „voranzuschreiten in der Erkenntnis der Heiligen Schrift“[4]. In diesem Sinn möchten sie im beruflichen und ehrenamtlichen Dienst der Verkündigung Impulse für die eigene Vorbereitung geben, auch als Vorlagen für (Lese-)Predigten sowie für Andachten und Bibelgesprächskreise dienen. Nicht zuletzt möchten sie zur persönlichen Bibellektüre und zum Aufspüren eigener Berührungspunkte mit den biblischen Glaubens- und Lebenserfahrungen ermutigen.

Dem Fromm Verlag Saarbrücken danke ich für die freundliche Anregung zu diesem Buch sowie für die geduldige Beratung und Begleitung durch die Geschäftsführerin, Frau Inka Rohde. Dankbar bin ich meiner Frau, Petra Neumann-Janssen geb. Bunke, sie war meist die erste Leserin meiner Manuskripte und an Gedanken sowie Formulierungen mit beteiligt.

Karlsruhe und Freiburg, im Advent 2011 Heinz Janssen

[4] Martin Luther, Zitat in: Heidelberger Predigt-Forum, hg. v. Heinz Janssen, www.predigtforum.de.

I. Weihnachtszeit

Advent

Wanderndes Gottesvolk

Ich bin unterwegs,
ich habe ein Ziel,
ich bin nicht allein.

Viele gehen mit,
Gott begleitet uns.

Wir begleiten einander,
wir sind unterwegs,
wir sind einander verbunden,

glauben, hoffen, lieben. [5]

---

[5] „Wanderndes Gottesvolk“ (Hebräer 4,9; 13,14) ist eines der vier biblischen Leitbilder der Evangelischen Landeskirche in Baden. Die Betrachtungen dazu habe ich erstmals im Fortbildungsheft der Landeskirche veröffentlicht (2010), sie erscheinen hier in leicht veränderter Form (S. 54 „Leib Christi“, Römer 12,5; 1. Korinther 12,(12-)27; S. 99 „Salz der Erde“, Matthäus 5,13; S. 90 „Haus der lebendigen Steine“, 1. Petrus 2,5).

Es kommt ein Schiff, geladen bis an sein' höchsten Bord, trägt Gottes Sohn voll Gnaden, des Vaters ewigs Wort...

Adventslied, Evangelisches Gesangbuch, Nr. 8

Verankerung

„Es kommt ein Schiff geladen..." - Das volkstümliche Adventslied hat das Kommen Gottes im Blick. Daniel Sudermann aus Lüttich, von Beruf Erzieher in Straßburg, Anhänger Kaspar von Schwenckfelds, der zu den führenden Persönlichkeiten der Reformation in Schlesien gehörte, und Verehrer der alten Mystiker, schrieb den Text Anfang des 17. Jahrhunderts. Als Vorlage diente ihm ein Marienlied aus dem 15. Jahrhundert. Für den Lieddichter ist das Schiff Symbol, mit dem er Gottes Kommen in die Welt veranschaulicht. Die Schiffsymbolik ist aus der biblischen Geschichte von der Arche Noah bekannt[6]. Die Arche, ein schwimmender Holzkasten, symbolisiert Schutz, Bewahrung und Rettung. In der Geschichte von der Stillung des Sturmes[7] weist das Schiff, ein kleines Fischerboot, zunächst auf Bedrohung durch die Natur und die Angst, unterzugehen, wird dann aber zum Symbol für Glauben, Vertrauen auf Gott, der die Seinen in den „Stürmen" des Lebens nicht alleine lässt. Das Schiff kann ebenfalls zu einem starken Symbol für das eigene persönliche Leben werden. Das „Lebensschiff" segelt auf dem Meer der Zeit dahin, manchmal unruhig, vom Wind hin und hergetrieben, dem Schiffbruch nahe, manchmal, Gott sei Dank, auf gutem Kurs.

Es kommt ein Schiff, geladen bis an sein' höchsten Bord,
trägt Gottes Sohn voll Gnaden, des Vaters ewigs Wort.

---

[6] 1. Mose / Genesis 6-9.
[7] Markus 4,35-41, vgl. Matthäus 8,23-27; Lukas 8,22-25.

Die 1. Strophe stellt ein bis obenhin voll geladenes Schiff vor Augen. Der wichtigste Passagier ist Gottes Sohn, Jesus von Nazareth. Jesus gehört ganz zu Gott. Der Vater hat Wohlgefallen an seinem Sohn.[8] Durch ihn bringt sich Gott ins Gespräch mit den Menschen. Um ihnen die Fülle seiner Gnade entgegenzubringen, ist Gott nichts zu schwer. Anne Morrow Lindbergh, die Frau des berühmten Ozeanfliegers Charles Lindbergh, deutet Gnade so: „Aber zuerst will ich...in Einklang mit mir selbst sein. Ich wünsche eine eindeutige Sicht, Reinheit meiner Absichten, einen festen Mittelpunkt für mein Leben, die es mir ermöglichen, jene Verpflichtungen und Aufgaben so gut wie möglich zu erfüllen. Ich wünsche..., „im Stand der Gnade“ zu leben, soweit mir das überhaupt möglich ist... Unter Gnade verstehe ich eine innere, im wesentlichen spirituelle Harmonie, die sich auch durch äußere Harmonie auszudrücken vermag. Vielleicht suche ich das, was Sokrates in seinem Gebet in Phaidros erflehte, wenn er sagt: „Laß den äußeren und den inneren Menschen eins werden“. Ich will einen Zustand der Gnade erreichen, aus dem heraus ich so sein und handeln kann, wie ich in der Vorstellung Gottes sein und handeln sollte“.[9]

Das Schiff geht still im Triebe, es trägt ein teure Last;
das Segel ist die Liebe, der Heilig Geist der Mast.

„Das Schiff geht still im Triebe...“, Gott kommt still, ohne Getöse, kommt wie einst zu Elia[10] still und sanft. In der 2. Strophe lenkt Daniel Sudermann die Aufmerksamkeit auf Segel und Mast, sie sind wichtig für das Fortkommen und Steuern des Schiffes. Es sind die Liebe und Gottes guter Geist, die das Lebensschiff voran bringen und es auf Kurs halten. Sie werden auch Leben

---

[8] Vgl. Markus 1,11.
[9] Aus: Anne Morrow Lindbergh, Muscheln in meiner Hand. Eine Antwort auf die Konflikte unseres Daseins, 16. Aufl., 1995, S. 21.
[10] 1. Könige 19,12.

und Handeln des heranwachsenden Gotteskindes, der „teure(n) Last“, bestimmen.

Der Anker haft' auf Erden, da ist das Schiff am Land.
Das Wort will Fleisch uns werden, der Sohn ist uns gesandt.

„Der Anker haft' auf Erden…“, das Schiff geht vor Anker, kommt in Verbindung mit der Erde, Land ist in unmittelbarer Nähe. Gott berührt die Erde, „verankert“ sich, nimmt Verbindung mit den Menschen auf, schließt einen Bund mit ihnen und seiner ganzen Schöpfung. Wird der Mensch glauben, Gott vertrauen? Glauben war z. B. für Abraham ein „Sichverankern“, „Sichfestmachen“, in Gott[11]. Wo ist mein Lebensschiff verankert? Woran halte ich mich, woran mache ich mich fest? Ohne Verankerung werde ich haltlos. Es gibt einen festen Grund, auf dem mein Lebensschiff vor Anker gehen, Verbindung aufnehmen und neue Kraft holen kann.

Zu Bethlehem geboren im Stall ein Kindelein,
gibt sich für uns verloren, gelobet muss es sein.

„Zu Bethlehem geboren im Stall ein Kindelein...“, dort ist der feste Grund, auf dem das Lebensschiff eines jeden Menschen vor Anker gehen kann, sei es noch so oft von Stürmen bedroht. Der Lieddichter stellt in der 4. Strophe den Ort neuen, werdenden Lebens vor Augen. In der Unscheinbarkeit eines Stalles kommt Gott wehrlos, schutz- und liebebedürftig in einem Kind auf die Welt. Es wird, wie jedes Kind, das Leben verändern, ihm Sinn und Richtung geben. Ein Gotteskind, das sich für die Menschen, seine Schwestern und Brüder, „verloren“ gibt, sich für sie aufgibt, sich ganz an ihre Seite begibt, sich mit ihnen freut und mit ihnen leidet – „gelobet muß es sein“.

[11] 1. Mose / Genesis 15,6.

Und wer dies Kind mit Freuden umfangen, küssen will,
muss vorher mit ihm leiden groß Pein und Marter viel,

danach mit ihm auch sterben und geistlich auferstehn,
das ewig Leben erben, wie an ihm ist geschehn.

„Und wer dies Kind mit Freuden umfangen, küssen will…“ Daniel Sudermann umschreibt in der 5. und 6. Strophe den christlichen Glauben als eine innige Verbindung mit dem Kind, das im Stall zu Bethlehem das Licht der Welt erblickte. Glaube ist für den Lieddichter ein Weg voller Sehnsucht und tiefen Verlangens nach ewigem, beständigem Leben. Das Leibliche ist davon nicht ausgenommen, der ganze Mensch ist durchdrungen. Er sucht die spürbare Nähe zu dem einzigartigen Kind, will es „umfangen“, umarmen, „küssen“. [12] Wer die Freude mit diesem Kind sucht, wird auch mit ihm leiden. Aber Leid und Tod haben keine letzte Macht mehr. Was an dem Kind „geschah“, war Gottes todüberwindendes und ewiges Leben schaffendes Handeln. Daran sollen alle teil haben, „geistlich auferstehen“, die sich von dem Kind berühren lassen, mit ihm gehen und sich an ihm orientieren. Damit klingt an, was der Apostel Paulus in die Worte fasst: „Denn ihr seid alle durch den Glauben Gottes Kinder in Christus Jesus“[13].

---

[12] In dieser Betonung der innigen Verbindung zwischen Gott und Mensch klingt im Geist des Dogmas der lutherischen Orthodoxie von der „unio mystica“ eine mystische Gestimmtheit an, die das Kirchenliedschaffen im 16. Jahrhundert prägte.
[13] Galater 3,26.

Erwartung(en)

Als aber Johannes im Gefängnis von den Werken Christi hörte, sandte er seine Jünger und ließ ihn fragen: Bist du es, der da kommen soll, oder sollen wir auf einen andern warten? Jesus antwortete und sprach zu ihnen: Geht hin und sagt Johannes wieder, was ihr hört und seht: Blinde sehen und Lahme gehen, Aussätzige werden rein und Taube hören, Tote stehen auf, und Armen wird das Evangelium gepredigt; und selig ist, wer sich nicht an mir ärgert. Matthäus 11,2-6

Johannes der Täufer hatte sich in die Wüste von Judäa zurückgezogen, dort lehrte und predigte er, rief zur Besinnung und Umkehr auf. Aus Jerusalem, Judäa und der Jordangegend kamen die Menschen zu ihm. Hatte Johannes in ihnen die Sehnsucht nach einem Leben geweckt, das sie so noch nicht kannten? Johannes verstand sich als prophetischer „Rufer in der Wüste“, um die Menschen auf das Kommen Gottes und den „Weg der Gerechtigkeit“ einzustimmen.[14] Er war von dem Warten auf Gottes baldiges Eingreifen durchglüht. Mit ihm warteten seine Jünger und viele im jüdischen Volk, die in der politisch und religiös schwierigen Zeit alle Hoffnung auf Gott setzten.

„Als aber Johannes im Gefängnis von den Werken Christi hörte, sandte er seine Jünger und ließ ihn fragen: Bist du es, der da kommen soll, oder sollen wir auf einen andern warten? Jesus antwortete und sprach zu ihnen: Geht hin und sagt Johannes wieder, was ihr hört und seht: Blinde sehen und Lahme gehen, Aussätzige werden rein und Taube hören, Tote stehen auf, und Armen wird das Evangelium gepredigt; und selig ist, wer sich nicht an mir ärgert.“[15] Waren es Zweifel, die Johannes plötzlich überkamen, weil jener Galiläer so gar nichts Machtvolles an sich hatte und nicht einmal seinen

[14] Matthäus 3,3; 21,32 vgl. Jesaja 40,3.
[15] Matthäus 11,2-4.

Boten vor dem Kerker bewahren konnte? Oder wuchs in ihm, seit Jesus sich von ihm hat taufen lassen, allmählich die Gewissheit, dass dieser Jesus tatsächlich der lang ersehnte Christus, der Messias, ist? Unsicherheit, Vorsicht, ein gesundes Misstrauen. Was gibt Sicherheit? Der Ort, an dem Johannes diese Frage umtrieb, war ein Gefängnis. Der gefürchtete König Herodes hatte ihn unschuldig verurteilt. Aber hinter den scheinbar undurchdringbaren Mauern hörte Johannes immer mehr von Jesus. Das so fest verriegelte Gefängnis, diese von Menschen aufgerichteten Mauern, die unüberwindbar sein sollten, konnten die Kunde von Jesu Wirken nicht abhalten.

Durch seine Jünger hatte Johannes Verbindung nach draußen, legal oder im Geheimen. Es zeigte sich: Was gut ist, lässt sich nicht aussperren. Eine große Hoffnung für jede Zeit. Die Antwort Jesu auf die Johannesfrage überrascht. Kein „Ja, ich bin es“ oder „Nein, ich bin es nicht“. Stattdessen eine Aneinanderreihung von mehr oder weniger bekannten Bibelsprüchen, die ganz überwiegend aus der Verkündigung des Propheten Jesaja stammen: „Blinde sehen und Lahme gehen, Aussätzige werden rein und Taube hören, Tote stehen auf, und Armen wird das Evangelium gepredigt“. Ungewöhnlich neu allerdings im Munde Jesu war die Rede von der Aussätzigenheilung und der Auferstehung der Toten. Hat Jesus in Anknüpfung an die prophetische Botschaft auf das verwiesen, was die Jünger und eigentlich alle schon hören und sehen konnten, seine aufrichtende Botschaft, seine heilenden Taten? So sieht es der Evangelist Lukas. Lukas betont, dass Jesus gerade zu der Stunde viele Menschen heilte, als die Johannesjünger zu ihm kamen und ihn fragten, sie ihn gleichsam als Antwort in Person erlebten.[16]

---

[16] Lukas 7,18-23.

Jesus erreicht mit seinen Worten und Taten Menschen, welche sich wie weggesperrt erleben. Ihre Lebenssituationen sind mit der des Johannes vergleichbar, ihr Lebensschicksal umgibt sie wie ein Gefängnis. Blinden öffnet Jesus die Augen – im eigentlichen und übertragen Sinn. Er ermutigt sie, aufzuschauen und sich dem Leben (wieder) zuzuwenden, hilft ihnen zu einer ganz neuen Sicht, mit dem Herzen in die Weite und Tiefe zu sehen. Lahme in ihrem Gefängnis der Bewegungslosigkeit werden frei und können wieder gehen. Taube erleben, wie die sie umgebenden Mauern des Schweigens fallen. Tote, die in der Kälte der Beziehungslosigkeit erstarrt und gefangen sind, stehen (wieder) auf in das Leben. Sie alle gehören zu den Armen, den im Leben zu kurz gekommenen Menschen.

Jesus verspricht den bedrängten Menschen den größten Schatz: „Armen wird das Evangelium gepredigt“. Heißt das: Für die Reichen die Zukunft und für die Armen vertröstende Worte? Keineswegs. Denn was die Armen als gute Nachricht hören, soll sich für sie auswirken, soll sie aufrichten und ihre Lebenssituation hilfreich verändern. Sie sind es, die mit leeren Händen vor Gott stehen und auf ihn ihre ganze Hoffnung setzen. Gott hat sie nicht vergessen.[17] Neues Leben kann sich Bahn brechen. Jesus antwortete auf die Frage, ob er der Messias sei, nicht mit Ja und nicht mit Nein. Er konfrontierte die nach ihm Fragenden mit seiner Person und mit dem, was sie in seinen Lehren und Predigten hören und anhand seiner Taten sehen konnten. Jesus ruft zum Glauben an den kommenden Gott. Gott will mit dieser Welt, seiner Schöpfung, in eine heilvolle Zukunft gehen. Bei ihm ist nichts unmöglich. Im Licht seines Advents sind Besinnung und neue Wege möglich.

„Bist du es, der da kommen soll, oder sollen wir auf einen andern warten?“, ließ Johannes durch seine Jünger Jesus fragen. Jesus antwortete, indem er anhand einer prophetischen Verheißung aus dem Jesajabuch auf die Zeichen

---

[17] Vgl. Matthäus 5,3 und Lukas 6,20.

hinwies, die sie hören und sehen: „Blinde sehen und Lahme gehen, Aussätzige werden rein und Taube hören, Tote stehen auf, und Armen wird das Evangelium gepredigt“[18]. Die einen Menschen werden sehen und hören, werden dadurch angesprochen und bewegt, entdecken eine neue Perspektive, einen erhellenden „Durchblick“, andere hören und sehen und bleiben davon unberührt oder nehmen daran Anstoß. Darum fügte Jesus seiner Antwort bei: „Selig ist, der sich nicht an mir ärgert“.

Am dritten Adventssonntag erinnert die christliche Gemeinde an Johannes den Täufer. Seine Stimme hält die Frage nach Jesus wach, der weltweit hörende Ohren und sehende Augen sucht.[19]

---

[18] Jesaja 35,5.6; 61,1.

[19] Der Text findet sich in anderer Form in Verbindung mit meiner Predigt unter dem Titel „Sei sehend“ zu Lukas 18,31-43, in: Pastoralblätter. Predigt – Seelsorge – Die Praxis, 147. Jg., 2007, S. 109-113, hier S. 113.

Da redete Jesus abermals zu ihnen und sprach: Ich bin das Licht der Welt. Wer mir nachfolgt, der wird nicht wandeln in der Finsternis, sondern wird das Licht des Lebens haben. Johannes 8,12

Unsicher

Gott,
bin auf einmal so unsicher,
weiß nicht, was ich will,
kann mich nicht entscheiden.

Sinn und Ziel meines Lebens
liegen im Dunkel,
ich trete auf der Stelle,

will weiter gehen,
an deinen Weisungen[20] mich orientieren,
auf deine Stimme hören.

Jesus,
du Licht der Welt[21],
lass es hell werden.

[20] Psalm 1,2; 19,8-11.
[21] Johannes 8,12.

Ein Wort zur rechten Zeit

Meine Kinder, dies schreibe ich euch, damit ihr nicht sündigt. Und wenn jemand sündigt, so haben wir einen Fürsprecher bei dem Vater, Jesus Christus, der gerecht ist. Und er ist die Versöhnung für unsre Sünden, nicht allein aber für die unseren, sondern auch für die der ganzen Welt.

1. Johannes 2,1-2

„Meine Kinder, dies schreibe ich euch, damit ihr nicht sündigt." Das Wort „sündigen"[22] meint im biblischen Sprachgebrauch das Abirren vom rechten Weg[23], ein Verlassen der Gottes- und zwischenmenschlichen Beziehung, schuldig werden, ein Ziel verfehlen[24]. Im 1. Johannesbrief[25] aus der Zeit junger christlicher Gemeinden im 1. Jh. n. Chr. meldet sich eine Stimme zu Wort, welche die Gemeinden davor bewahren will, einen falschen Weg zu gehen. Sie stellt die Frage, was einen Menschen auf seinem Lebensweg bestimmt. Wenn jemand betroffen erkennt, weit entfernt von einem Leben zu sein, wie es Gott gefällt, leuchtet in seinen Selbstzweifel die Zusage auf: Dich schaut ein Gott an, der nicht auf deine Fehler lauert, sondern dein Bestes will. Bei ihm hat der Mensch einen „Beistand": Jesus von Nazareth, „den Gerechten", „die Versöhnung" in Person. Auf ihn wartet die christliche Gemeinde besonders im Advent. Er kommt ihr entgegen, steht für sie bei Gott ein, verbindet sie heilsam mit ihm. Sein Kommen gilt nicht nur ein paar Auserwählten, sondern der ganzen Welt. Einladend wirbt Jesus dafür, mitzuhelfen, dass in der Welt Gerechtigkeit, versöhnendes Handeln, Gemeinschaft, Liebe und Frieden den Ton angeben.

---

[22] Das deutsche Wort „sündigen" geht auf das Wort „(ab)sondern" zurück.

[23] W. Bauer, WbNT[5], Sp. 83-87.

[24] Diese Bedeutung (s. HAL[3], 292f.) hat z. B. das Wort *chata* in der Hebräischen Bibel, in der sich mehrere Bezeichnungen für „sündigen" / „Sünde(n)" finden und entsprechend zu differenzieren sind. Im griechischen Bibeltext steht als Äquivalent das Verb *hamartáno* und das Substantiv *hamartía* (seltener *hamártaema*), deren spezielle Bedeutungen je aus dem Kontext zu erschließen sind.

Siehe, eine Jungfrau ist schwanger und wird einen Sohn gebären, den wird sie nennen Immanuel. Jesaja 7,14

Mache dich auf, werde licht; denn dein Licht kommt, und die Herrlichkeit des HERRN geht auf über dir! Denn siehe, Finsternis bedeckt das Erdreich und Dunkel die Völker; aber über dir geht auf der HERR und seine Herrlichkeit erscheint über dir. Jesaja 60,1-2

Dem Augenschein zum Trotz

Im Lichtschein des Kommenden leben –
deine unverbrauchte Chance.

Glanz des Neuanfangs,
erste Liebe.

Tag der Träume,
unzerstörbarer Lebendigkeit.

Restlos glücklich.
Glauben, hoffen, lieben[26],

deines Gottkommtzudir[27] gewiss.
Lebensfroh, dem Augenschein zum Trotz.

---

[26] 1. Korinther 13,13.
[27] Vgl. Jesaja 7,14; das hebräische Wort *`immanuel* bedeutet: Gott (ist) mit uns.

Christfest

8 Und es waren Hirten in derselben Gegend auf dem Felde bei den Hürden,
die hüteten des Nachts ihre Herde. 9 Und der Engel des Herrn trat zu ihnen,
und die Klarheit des Herrn leuchtete um sie; und sie fürchteten sich sehr. 10
Und der Engel sprach zu ihnen: Fürchtet euch nicht! Siehe, ich verkündige
euch große Freude, die allem Volk widerfahren wird; 11 denn euch ist heute
der Heiland geboren, welcher ist Christus, der Herr, in der Stadt Davids. 12
Und das habt zum Zeichen: ihr werdet finden das Kind in Windeln gewickelt
und in einer Krippe liegen. 13 Und alsbald war da bei dem Engel die Menge
der himmlischen Heerscharen, die lobten Gott und sprachen: 14 Ehre sei Gott
in der Höhe und Friede auf Erden bei den Menschen seines Wohlgefallens.

Lukas 2,8-14

Bethlehem

Im Dunkel der Nacht
ein Stern
über der Geburt eines Kindes.

Ein Kind sucht Schutz
bei dir, bei mir,
Gottmituns, Immanuel[28].

Wer gibt Raum[29]
dem Leben,
dem Frieden und Recht?

---

[28] Jesaja 7,14.
[29] Vgl. Lukas 2,7.

Wer begleitet und pflegt,
teilt Brot und Liebe,
weint mit und trägt,

rettet und heilt,
wie sein Name es sagt,
Jesus, Jeschua?[30]

Hier bin ich,
bin für dich
und halte dich,

will Bethlehem dir sein,
Brothaus[31],
mit vielen Wohnungen.

---

[30] Die Bedeutung des Namens Jesus wird z. B. in Matthäus 1,21 erklärt bzw. umschrieben: „...dem sollst du den Namen Jesus geben, denn er wird sein Volk retten von ihren Sünden".
[31] Der hebräische Ortsname „Bethlehem" bedeutet wörtlich „Haus des Brotes".

Maria aber behielt alle diese Worte und bewegte sie in ihrem Herzen.

Lukas 2,19

Angekommen

Bist angekommen in unserer Welt,
von Vielen aufgenommen
unterm Sternenzelt,

bis heute bist Du unterwegs,
kennst Armut, Hunger, Not,
streckst die Hände aus nach Brot,

bist uns nicht fern, bist uns so nah,
Gottmituns[32], Jesus,
Jeschua,

Kind in der Krippe, Geheimnis des Lebens,
willst wachsen und reifen auch in mir,
suchst Schutz und Raum.

Licht in der Nacht,
Lebensbaum[33],
hast Hoffnung gebracht.

---

[32] Jesaja 7,14.
[33] Vgl. 1. Mose / Genesis 3,22.

Entwicklung

Und sie wickelte ihn in Windeln
und legte ihn in eine Krippe[34].
Das Kind entwickelt sich,
nimmt zu an Weisheit, Alter, Gnade
bei Gott und den Menschen[35].

Staunen
über die Entwicklung
des Kindes,
Freude an seinen Fortschritten,
Dankbarkeit.

Geschenktes Leben,
beflügelndes
Wunder,
anvertraut,
neu erschaffene Welt.

Sollst, Kind,
dich einfinden,
deinen Platz entdecken,
begleitet
auf deinen Wegen.

---

[34] Lukas 2,7.
[35] Lukas 2,40.

Bist nicht Besitz,
wirst nicht beherrscht,
bist geliebt,
mit Mutter und Vater
dem Gottmituns[36]

auf der Spur.
In ihm atmen,
mit ihm gehen,
stehen,
tanzen,

lachen,
weinen,
trösten,
träumen,
in weitem Raum[37].

---

[36] Ich nehme mit dieser Wortbildung. den hebräischen Namen *`immanu ´el*, Jesaja 7,14, auf.
[37] Psalm 31,9.

Jahreswende

Gehalten

Ich lasse dich nicht fallen und verlasse dich nicht. Josua 1,5[38]

„Ich lasse dich nicht fallen und verlasse dich nicht" – Zuspruch an der Schwelle zu einem Neuen Jahr. Ich sehe ein Kind vor mir, das vorsichtig auf einer schmalen Mauer balanciert, links und rechts wird es von Mutter und Vater begleitet. Vorsichtig setzt das Kind Fuß vor Fuß, hält die Arme weit ausgebreitet, um das Gleichgewicht zu halten. Die Eltern sind aufmerksam, das Kind aufzufangen, wenn es in Gefahr gerät zu fallen. Das Kind kann das riskante Gehen auf der Mauer ausprobieren. Wenn es unsicher wird, kann es nach der Hand der Eltern greifen, sich stützen oder führen lassen. Das Kind weiß: Meine Mutter, mein Vater, lassen mich nicht fallen, sie sind an meiner Seite. Dieses Eltern-Kind-Bild kann eine Gottesbeziehung veranschaulichen. Vielleicht möchte jemand einwenden: Die Risiken auf meinem Lebensweg haben mich schon tief fallen lassen, ich bin abgestürzt, ungesichert und hart bin ich aufgeschlagen, habe mich verletzt und Wunden davongetragen. Wer weiß, was mich außerdem noch so zum Stolpern bringt, dass ich sogar am Boden liegen bleibe. Solche Bedenken können nicht einfach beiseite geschoben werden. Täglich besteht die Gefahr, abzustürzen.

Viele kennen das Gefühl, wenn ihnen in bestimmten Lebenssituationen der Boden gleichsam unter den Füßen weggezogen wurde und sie wie ins Bodenlose fielen. Da verliert jemand plötzlich seinen Arbeitsplatz, der ihm bisher eine Sicherheit und Unabhängigkeit gab. Auf einmal droht der soziale Abstieg, das Schwinden des Selbstbewusstseins und der Selbstachtung. Ein

[38] Einheitsübersetzung, 1980, vgl. Martin Luther, Revision 1984: *Ich will dich nicht verlassen noch von dir weichen.*

anderer Mensch wird von einer Krankheit überfallen, die ihn aus der gewohnten Bahn wirft und alles verändert. Von einem nahe stehenden Menschen fallen gelassen zu werden, tut weh. Schmerzlich, wenn Menschen aus Enttäuschung einander aufgeben. Soll auf einmal alles nicht mehr gelten, was sie verbunden hatte? Wie viele „Fallen“ und „Fallstricke“ im Leben! Wie ist es mit dem „Sündenfall“, wenn ein Mensch schuldig wurde, wer fängt ihn auf?

„Ich lasse dich nicht fallen und verlasse dich nicht.“ So steht es in der Bibel. Einst galt dieser Zuspruch Josua. Als Mose starb, sollte er als sein Nachfolger das Volk Israel ins „Gelobte Land“ führen. Es ist leicht, sich vorzustellen, wie wenig Josua sich diesem Auftrag gewachsen fühlte, die Rolle Moses, seines großen Vorbildes, zu übernehmen. Wie aus dem biblischen Zusammenhang hervorgeht, hatte er auch die Aufgabe, das Land den einzelnen Volksstämmen zuzuteilen und das Volk an die Einhaltung der Gebote zu erinnern. Eine große Verantwortung. Gott spricht dem unsicheren Josua Mut zu. Gott versichert ihm, immer bei ihm zu sein. Die Gebote, zusammengefasst in den „Zehn Geboten“[39], werden ihm helfen, seinen Auftrag zu erfüllen; sie werden ihn in der Gewissheit stärken, dass Gott an seiner Seite ist, mit ihm geht, ihn begleitet. Josua soll wissen: Gerade in schwierigen Situationen ist Gott da. Ich muss keine Angst haben, dass Gott mich fallen lässt. Sein Zuspruch gilt: Ich lasse dich nicht fallen und verlasse dich nicht. Verliere nicht den Mut. Die schweren Zeiten sind kein Argument gegen Gott, sie gehören wie die guten zum Leben, zur Lebensgeschichte.

Wieder sehe ich das balancierende Kind vor meinen Augen. Haben nicht auch die Eltern ihr Kind spüren lassen, dass sie es beschützen, und haben sie außerdem nicht zu ihrem Kind gesagt: Sei vorsichtig, schaue genau hin, wo du gehst. Zur Achtsamkeit gehört, sich auch selbst in Acht zu nehmen,

[39] 2. Mose / Exodus 20,1-17 vgl. 5. Mose / Deuteronomium 5,6-21.

sein Reden und Tun vor Gott zu bedenken. Gottes Gebote sind Hilfen zum Leben. Sie gehören zu der Hand, die mich sicher hält und leitet, zu dem Geländer, an dem ich mich festhalten kann, damit ich nicht abstürze. Mehr als drei Tausend Jahre sind seit Josua vergangen. Gott sei Dank blieb bewahrt, was heute wie damals Josua in überraschenden, überfallartigen und bedrückenden Lebenssituationen helfen kann: das Vertrauen, dass Gott mich nicht fallen lässt und sich nicht von mir abwendet.

Gott sorgt wie ein guter Vater und tröstet wie eine gute Mutter[40], geht mit mir und stärkt mir den Rücken. Ich muss mir die Zuwendung des Gottes Josuas nicht verdienen, ebenso wenig, wie ich mir die Liebe meiner Eltern verdienen muss. Wie treffend umschreibt der Name Josua die Art und Weise der Beziehung Gottes zu seinem Volk, seiner Familie, den einzelnen Menschen. Der hebräische Name Jehoschua bedeutet: Gott ist Hilfe, Gott hilft, gibt dich nicht auf, lässt dich nicht fallen und verlässt dich nicht. Etwa ein Tausend Jahre nach Josua, dem Ephraimiter[41], bekam sein Name noch einmal einen besonderen Klang durch den Namen Jeschua von Nazareth. Der vertraute lateinische Name Jesus lässt die Übereinstimmung mit dem Namen des Mose-Nachfolgers nicht sofort erkennen, doch geht der ursprüngliche hebräische Name unzweifelhaft auf den Namen Jehoschua zurück. Seither gilt in einem die ganze Welt umfassenden, alle Menschen, die ganze Schöpfung einbeziehenden Sinn: Gott ist Hilfe, Gott hilft.

[40] Jesaja 66,13.
[41] Josua 24,30.

Ich will dich unterweisen und dir den Weg zeigen, den du gehen sollst; ich will dich mit meinen Augen leiten. Psalm 32,8

Behutsames Weitergehen

Gott, auf verschiedenen Wegen,
mit unterschiedlichen Erfahrungen
im zu Ende gehenden Jahr
komme ich zu dir.
Ich danke dir für die Wegstrecken,
welche mich ein Stück weiterbrachten,
für die Erfahrungen, die mich stärkten.

Vor dich bringe ich die Schritte,
die mir schwer fielen,
die Geschehnisse, die mich niederdrückten.
Im Namen Jesu bitte ich dich,
lass mich von neuem auf den Weg achten,
den du mit mir gehen willst.
Kyrie, eleison.[42]

[42] Der Text findet sich in anderer Form in Verbindung mit meiner Predigt unter dem Titel „Methoden Gottes, nicht des Teufels – oder: Auf die Kleidung kommt es an" zu Epheser 6,10-17, in: Pastoralblätter. Predigt – Seelsorge – Die Praxis, 144. Jg., 2004, S. 731-736, hier S. 735.

Herr, wohin sollen wir gehen? Du hast Worte des ewigen Lebens; und wir haben geglaubt und erkannt: Du bist der Heilige Gottes.

Johannes 6,68-69

Vertrauen

Gott, du nimmst mich auf,
wenn ich zu dir komme.
Du siehst mich wohlwollend an.
Du redest mir freundlich zu.
Du empfindest mit mir.
Du hörst,
was ich vor dir ausspreche.

Ich komme zu dir mit dem, was mich freut,
und dem, was mich bedrückt.
Alles breite ich unter deinen Augen aus.

Im Namen Jesu bitte ich dich:
Öffne mein Herz und alle Sinne für das,
was ich heute brauche.
Du weißt, wo ich stehe.
Wecke in mir das Verlangen nach dem Leben,
das du verheißen hast.
Kyrie, eleison.

Zuspruch

Ich aber habe für dich gebeten, dass dein Glaube nicht aufhöre.

Lukas 22,32

„Ich aber habe für dich gebeten, dass dein Glaube nicht aufhöre", diese Worte sprach Jesus beim letzten gemeinsamen Mahl mit seinen Jüngern im vertrauten Kreis am Abend vor seinem gewaltsamen Tod am Kreuz. Über Brot und Kelch sprach Jesus wie sonst das Dankgebet, überraschte aber seine Jünger, als er das Brotbrechen und das Ausschenken aus dem Kelch auf seinen unmittelbar bevorstehenden Tod deutete. Judas suchte bereits nach einer Gelegenheit, Jesus zu verraten. Ein Streit brach am Tisch aus, „wer von ihnen als der Größte gelten solle"[43]. Jesus ergriff das Wort und verwies darauf, welches Maß in seinem Reich gelte: „Das geknickte Rohr wird er nicht zerbrechen, und den glimmenden Docht wird er nicht auslöschen"[44]. Jesus wandte sich Simon Petrus zu. Er kündigte ihm schwierige Zeiten an, wie er Jesus verleugnen werde, um vor dessen Verfolgern sein Leben zu retten. Dann die Worte Jesu: „Ich aber habe für dich gebeten, dass dein Glaube nicht aufhöre".

„Ich aber habe für dich gebeten..." Die Fürbitte Jesu sollte den schwach gewordenen Simon Petrus aufrichten. Er, der doch zu gerne der Größte in der Jüngerschar gewesen wäre, bereit, für die Sache Jesu alle Kräfte aufzubieten, sogar sein Leben hinzugeben, er, der Fels, wie sein Ehrenname Petrus bedeutet, war auf einmal wie am Boden zerstört. Petrus, ganz menschlich, nicht der Fels in der Brandung. Als es darauf ankam, wurde er wie ein kleiner Kieselstein, der mit anderen „herumkullert" und keinen Halt gibt.

---

[43] So nach Lukas 22,24.
[44] Jesaja 42,3.

Sich als Christ, als Christin, zu bekennen, wer äußert dies in der Öffentlichkeit und riskiert damit, belächelt zu werden? Im Gegensatz zu den Menschen in vielen anderen Ländern müssen sich Christinnen und Christen hierzulande nicht fürchten, verfolgt zu werden. Wenn sie ihren Glauben zeigen und sich dazu bekennen, laufen sie hier eher ins Leere, begegnen oft der Gleichgültigkeit oder mitleidigem Spott.

Seit Simon Petrus vergingen fast zweitausend Jahre Christentum und Kirchengeschichte. Aber dass Menschen zu allen Zeiten verunsichert werden, so dass sie den Glauben verlieren können, verbindet sie mit Petrus. Sie könnten mit am Abendmahlstisch sitzen. Jünger und Jüngerinnen Jesu, felsenfest von ihrer Dazugehörigkeit und Stärke überzeugt und dann wieder der Versuchung ausgesetzt. „Ich habe für dich gebeten, dass dein Glaube nicht aufhöre.“ Jesu Worte und seine Fürbitte, die einst Simon Petrus galten, bleiben Zuspruch und Hilfe für viele Menschen. Ein Mensch kann zu einem anderen sagen: ‚Gib auf, du bist am Ende’. Jesus sagt: „Ich aber habe für dich gebeten, dass dein Glaube nicht aufhöre“.

Gedenke an deine Gemeinde, die du vorzeiten erworben und dir zum Erbteil erlöst hast. Psalm 74,2

Gedenken

27. Januar 1945,
KZ,
Auschwitz,
endlich
befreit.
Gott sei Dank.

Für über sechs Millionen,
von Deutschen ermordeten,
Juden
kam die Befreiung zu spät.
Gott sei es geklagt.

Welches Unrecht,
es schreit zum Himmel,
wie vermessen
haben Menschen
über Menschen
verfügt.

Kyrie, eleison

Allein in Auschwitz
über eine Million
Kinder,
Jugendliche,

Erwachsene –
ermordet,

ihrer Würde,
ihres Lebens,
beraubt,
geschlagen,
gequält,
verstoßen.

Kyrie, eleison.

Ich sehe
die Kinder,
ihre Eltern,
die Familien,
ihre Angst,
Todesangst,

auf ihren
Gesichtern,
in den
weit
aufgerissenen
Augen.

Kyrie, eleison

Ich höre
ihre Schreie,

ihr Klagen,
ihre Gebete,
ihre Hoffnung
auf ein Wunder.

Habe Wohlgefallen,
Ewiger,
unser Gott,
an deinem Volk
Israel
und ihrem Gebet.[45]

Kyrie, eleison

Ewiger,
dein Name werde geheiligt,
dein Reich komme.[46]

Kyrie, eleison.

„Lass meinen Gang
in Deinem Wort
fest sein
und lass
kein Unrecht
über mich herrschen.“[47]

Kyrie, eleison.

---

[45] Aus einem jüdischen Gebetbuch.
[46] Matthäus 6,9-10.
[47] Psalm 119,133.

II. Osterzeit

Passion

Er nahm aber zu sich die Zwölf und sprach zu ihnen: Seht, wir gehen hinauf nach Jerusalem, und es wird alles vollendet werden, was geschrieben ist durch die Propheten von dem Menschensohn. Denn er wird überantwortet werden den Heiden, und er wird verspottet und mißhandelt und angespien werden, und sie werden ihn geißeln und töten; und am dritten Tage wird er auferstehen. Sie aber begriffen nichts davon, und der Sinn der Rede war ihnen verborgen, und sie verstanden nicht, was damit gesagt war. Es begab sich aber, als er in die Nähe von Jericho kam, daß ein Blinder am Wege saß und bettelte. Als er aber die Menge hörte, die vorbeiging, forschte er, was das wäre. Da berichteten sie ihm, Jesus von Nazareth gehe vorbei. Und er rief: Jesus, du Sohn Davids, erbarme dich meiner! Die aber vornean gingen, fuhren ihn an, er solle schweigen. Er aber schrie noch viel mehr: Du Sohn Davids, erbarme dich meiner! Jesus aber blieb stehen und ließ ihn zu sich führen. Als er aber näher kam, fragte er ihn: Was willst du, daß ich für dich tun soll? Er sprach: Herr, daß ich sehen kann. Und Jesus sprach zu ihm: Sei sehend! Dein Glaube hat dir geholfen. Und sogleich wurde er sehend und folgte ihm nach und pries Gott. Und alles Volk, das es sah, lobte Gott.

Lukas 18,31-48

Noch 70 Tage[48]

70 Tage vor Ostern – an jedem Tag ein Schritt in das Geheimnis des Lebens.
70 Tage vor Ostern – ich will diese Zeit bewusst gestalten.
70 Tage vor Ostern – Bedenken will ich deinen Weg, Jesus,
70 Tage vor Ostern – sind dafür nicht genug.

---

[48] 3. Sonntag vor der Passionszeit hat nach der Ordnung des Kirchenjahres den lateinischen Namen „Septuagesimae“ = „70“ (Tage vor Ostern).

Und als Jesus von dort wegging, sah er einen Menschen am Zoll sitzen, der hieß Matthäus; und er sprach zu ihm: Folge mir! Und er stand auf und folgte ihm. Und es begab sich, als er zu Tisch saß im Hause, siehe, da kamen viele Zöllner und Sünder und saßen zu Tisch mit Jesus und seinen Jüngern. Als das die Pharisäer sahen, sprachen sie zu seinen Jüngern: Warum ißt euer Meister mit den Zöllnern und Sündern? Als das Jesus hörte, sprach er: Die Starken bedürfen des Arztes nicht, sondern die Kranken. Geht aber hin und lernt, was das heißt: »Ich habe Wohlgefallen an Barmherzigkeit und nicht am Opfer.« Ich bin gekommen, die Sünder zu rufen und nicht die Gerechten.

Matthäus 9,9-13[49]

Lernende bleiben

Die Evangelien lenken alle Aufmerksamkeit auf den Weg Jesu. Sie laden ein, Jesus zu begleiten, wenn er von Station zu Station durch das Land zieht und sich den Menschen zuwendet. Es ist von Frauen und Männern die Rede, die sich von ihm rufen ließen, mit ihm gingen, ihm „nachfolgten“ und von ihm lernten. Seine engsten Vertrauten sind die Jüngerinnen und Jünger, die „Lernenden", wie sie wörtlich nach dem griechischen Bibeltext heißen.

Es ist Jesu Hinwendung zu den „Zöllnern und Sündern", die in den ersten drei Evangelien immer wieder erzählt und auch in diesem Bibeltext hervorgehoben wird. „Zöllner und Sünder" wurden damals Menschen genannt, die Gottes Gebote missachteten oder noch gar nichts davon wussten. Die „Zöllner" trieben als Angestellte der römischen Besatzungsmacht die Wegegelder und Marktgebühren ein, nicht ohne dabei in die eigene Tasche zu wirtschaften. So ist zu verstehen, dass sie sich bei ihrem Volk verhasst machten und mit den „Sündern", die abseits vom Weg

[49] Die Berufung des Matthäus (Matthäus 9,9-15) findet sich auch bei Markus (2,13-17) und Lukas (5,27-32). vergleiche den Namen Levi bei Markus und Lukas).

der Gebote Gottes lebten, in einem Atemzug genannt wurden.[50] Dennoch setzt sich Jesus mit der verachteten Gruppe an einen Tisch, und erregt damit Anstoß. Er muss sich besonders gegenüber den Pharisäern rechtfertigen. Die Pharisäer waren bemüht, nach den biblischen Geboten zu leben und Gott damit in Allem zu gefallen. Wer wollte sie deshalb verachten. Ein gelebter, lebenspraktischer, Glaube war ihnen wichtig („praxis pietatis"), um Gott gerecht zu werden. Dabei legten sie großen Wert auf die Trennung zwischen „Gerechten" und „Sündern" in der Überzeugung, dass Gott es so will.

Das Wort „Pharisäer" bezeichnete bald sprichwörtlich heuchlerisches Verhalten unter dem Schein der Frömmigkeit. Der Steuerhinterzieher, der Mann, der seine Frau betrügt, oder der Jugendliche, der stiehlt, auf der Kirchenbank – wer würde nicht die Nase rümpfen über so viel Scheinheiligkeit und weg rücken! „Folge mir!", sagt Jesus zu jenem Menschen Matthäus am Zoll. Bevor er sich mit ihm an den Tisch begibt, ruft er ihm zu, ihm zu folgen, seiner Lehre, den Geboten Gottes, diesem anderen Lebensweg ohne Betrug. Es bleibt zunächst noch offen, ob Jesu Ruf nicht ins Leere läuft. Wird die angesprochene Person die Einladung annehmen, ihre Lebenschance erkennen, aufstehen, für eine neue Richtung im Leben bereit sein? Jesus ruft die „Sünder", nicht weil er großzügig über ihr Fehlverhalten hinwegsieht, sondern weil vor Gott Selbstbesinnung, Umdenken und Veränderung zum Guten möglich sind. Denen, die sein Verhalten irritiert und darum seine Jünger fragen: „Warum isst euer Meister mit den Zöllnern und Sündern?", sagt Jesus: „Die Starken bedürfen des Arztes nicht, sondern die Kranken". Jesus verurteilte damit die Pharisäer nicht, die sein Handeln kritisch in Frage stellten.

[50] Die Frage legt sich nahe: Wer sind die „Zöllner und Sünder" heute? Sind es die Wirtschaftskriminellen, die Grundstückspekulanten, die Mietwucherer, die Kollaborateure der Menschen- und Schöpfungsfeindlichkeit, die Schönredner von Gesundheit gefährdenden seit Jahren bekannten Fakten, die Technokraten, denen es nur noch um den Profit geht und dafür buchstäblich über Leichen gehen?

Angesichts des Vorurteils, das die Pharisäer nur noch mit Heuchelei in Verbindung bringt, fällt in der Bibelgeschichte auf, dass sich Jesus nicht von ihnen abwendet. Jesus versucht, sie, die Starken, zu gewinnen, um sich zusammen mit ihnen – in Übereinstimmung mit der Tora! – denen zuzuwenden, die Hilfe brauchen. Es ist, als ob ihnen Jesus sagen möchte: Bedenkt doch, wer stark ist, hat etwas abzugeben. Er sollte keine Mühe scheuen, für andere Menschen da zu sein, ihnen beizustehen, damit sie ihren Weg, zu sich selbst und zu Gott finden. In diesem Sinn erinnert Jesus an die Gottesworte, mit denen schon der Prophet Hosea das Volk zur Besinnung rief: „Ich habe Wohlgefallen an Barmherzigkeit und nicht am Opfer"[51].

Es ist die Barmherzigkeit, die Gott gefällt. Gott zu gefallen, bedeutet, den Gottesdienst außerhalb der Tempel- oder Kirchenmauern, den Gottesdienst im Alltag der Welt, nicht zu vergessen. Jesus lädt die Pharisäer ein, ihre Stärke nicht für sich zu behalten, sondern mit ihm zu den Menschen zu gehen, die Beistand brauchen. Sie haben Gott auf ihrer Seite, der spricht: „Ich will das Verlorene wieder suchen, das Verirrte zurückbringen, das Verwundete verbinden und das Schwache stärken"[52].

Auf diesem Weg der Barmherzigkeit in der Nachfolge Jesu gilt es, mit widerständigen, zuweilen feindlichen Reaktionen bedacht umzugehen. Wer Jesu Ruf hört, sich mit Jesus auf den Weg begibt, wird immer wieder mit der Frage konfrontiert, ob er sich gerade zu den Starken oder zu den Schwachen zählt. Er merkt, wie schwer es ist, Christ, Christin, zu sein, dem Anspruch Jesu gerecht zu werden, das gewohnte Jesusbild zu revidieren und das Scheitern in Glauben und Leben auszuhalten. Christ sein ist so gesehen eine der schwersten Übungen. Doch ist es, wie Martin Luther im Hinblick auf die Berufung des Matthäus schrieb, „ein wunderbarer Trost, dass Christus so

[51] Hosea 6, 6.
[52] Hesekiel 34, 16.

unwürdige und sündige Apostel gewählt (hat); es sollen sich darum die Apostel des hohen Amtes nicht überheben, aber auch kein Sünder an Christus verzagen noch verzweifeln". Darum ist der Tisch zu einem wichtigen Symbol der Kirche geworden. Die christliche Gemeinde lädt zum Mahl am „Tisch des Herrn" ein. Alle Menschen sind eingeladen. Sie werden erinnert, wer sie sind: Familie Gottes, in der jede Frau, jedes Kind, jeder Mann ihren / seinen Platz hat und Jesu Aufforderung beherzigt: „Geht aber hin und lernt".

Und Paulus sah eine Erscheinung bei Nacht: ein Mann aus Mazedonien stand da und bat ihn: Komm herüber nach Mazedonien und hilf uns! Als er aber die Erscheinung gesehen hatte, da suchten wir sogleich nach Mazedonien zu reisen, gewiß, daß uns Gott dahin berufen hatte, ihnen das Evangelium zu predigen. Da fuhren wir von Troas ab und kamen geradewegs nach Samothrake, am nächsten Tag nach Neapolis und von da nach Philippi, das ist eine Stadt des ersten Bezirks von Mazedonien, eine römische Kolonie. Wir blieben aber einige Tage in dieser Stadt. Am Sabbattag gingen wir hinaus vor die Stadt an den Fluß, wo wir dachten, daß man zu beten pflegte, und wir setzten uns und redeten mit den Frauen, die dort zusammenkamen. Und eine gottesfürchtige Frau mit Namen Lydia, eine Purpurhändlerin aus der Stadt Thyatira, hörte zu; der tat der Herr das Herz auf, so daß sie darauf achthatte, was von Paulus geredet wurde. Als sie aber mit ihrem Hause getauft war, bat sie uns und sprach: Wenn ihr anerkennt, daß ich an den Herrn glaube, so kommt in mein Haus und bleibt da. Und sie nötigte uns. Apostelgeschichte 16,9-15

Erste Christin in Europa

Der Bibeltext aus der Apostelgeschichte des Lukas ist ein kleiner Ausschnitt aus der umfassenden Darstellung des dritten Evangelisten über die Anfänge der christlichen Kirche. Er gibt Einblick in die zweite Missionsreise des Apostels Paulus. Es war eine Erscheinung in der Nacht, die dem Apostel und seinem Mitarbeiter Silas den Anstoß gab, nach Mazedonien zu reisen. Die nächtliche Vision mit dem Hilferuf eines Mannes aus Mazedonien „Komm herüber und hilf uns" gab dem Apostel die Gewissheit, dass Gott beide berufen hatte, dort das Evangelium zu predigen. Sie machten sich auf einen weiten, oft beschwerlichen Weg.

In der Stadt Philippi, einer von den Römern neugegründeten Militärkolonie in Mazedonien, kam es an einem Sabbattag während eines jüdischen Gottesdienstes, draußen vor der Stadt, an einem Fluss, zu einer Begegnung mit Frauen, die sich dort wahrscheinlich regelmäßig zum Gebet trafen. „Wir setzten uns und redeten mit den Frauen", so heißt es von Paulus und Silas. Thema des Gesprächs war, auch wenn es nicht ausdrücklich erwähnt wird, das Evangelium von Jesus Christus. In seiner Vision wurde Paulus von einem Mann aus Mazedonien um Hilfe gerufen. Die ersten Kontakte pflegte der Apostel mit Frauen aus Mazedonien. Von jenen Frauen wird eine mit Namen genannt: Lydia, eine aus der kleinasiatischen Provinz Lydien zugewanderte Purpurhändlerin. Als „eine gottesfürchtige Frau" wird sie vorgestellt. Besonders hervorgehoben wird, dass „ihr der Herr das Herz auftat, so dass sie darauf achthatte, was Paulus sagte".

Der Apostel hatte in Lydia den Glauben an Jesus geweckt, woraufhin sie sich mit ihrem ganzen Haus, ihrer Familie, taufen ließ. Die Taufe veranlasste sie, ihr Haus zu einem Treffpunkt der in Philippi entstehenden Gemeinde zu machen: „Kommt in mein Haus und bleibt da!" Eine damals ungewöhnliche Initiative einer Frau. Denn mit der Einladung in ihr Haus war nicht nur ihre Frauenrolle als Gastgeberin für Hausgemeinden verbunden, sondern auch der Wunsch und Anspruch, das Evangelium in eigener Verantwortung zu verkündigen. Lydia „tat der Herr das Herz auf, so dass sie darauf achthatte, was von Paulus geredet wurde“. Das Herz – es ist nach biblischer Auffassung der Ort, an dem Verstand und Gefühl zusammenfinden. Lydia konnte sich für das Evangelium, die „gute Botschaft“, öffnen, sich davon bewegen lassen und es aufnehmen.

Über Lydia ist heute Dank der sozialgeschichtlichen Forschung Einiges bekannt. Lydia war keine wohlhabende Geschäftsfrau, wie man sie zunächst in der Purpurhändlerin vermuten könnte. Sie war eine einfache Arbeiterin, wie aus ihrem Namen hervorgeht. Als Einwanderin in Philippi benannte man sie lediglich nach ihrer Herkunft, wie es für alle gesellschaftlich niederrangige Menschen üblich war. Sie kam aus der kleinasiatischen Provinz Lydien, daher der Name Lydia, d. h. die Lydierin. In der zunächst für sie fremden Stadt fand sie eine Gemeinschaft von Frauen, von welchen sie sich angenommen fühlte. Die tägliche Arbeit mit nasser und übelriechender Wolle und der Handel während einer Sechs-Tage-Woche waren hart. Nur am Sabbat konnte sie den Arbeitsplatz verlassen, sich mit anderen Frauen treffen und mit ihnen die Synagoge besuchen, wo sie dem Juden Paulus begegnete.

Lydia wurde die erste Christin in Europa. Sie wurde Christin, was aber zu ihrer Zeit keinen Religionswechsel bedeutete, da es ein Christentum, welches sich vom Judentum trennte, erst etwa einhundert Jahre später gab. Bis dahin war der Glaube an den Messias Jesus eine Strömung innerhalb der jüdischen Religion. Es ist eine unbeschreibliche Tragik, dass es im weiteren Verlauf der Geschichte zu so viel Abgrenzung bis hin zur Feindschaft der Christen gegen die Juden kam.

Die Geschichte von Lydia und wie sie zum christlichen Glauben fand, kann ermutigen, den eigenen persönlichen Weg des Glaubens zu suchen, die Berührungspunkte und Erfahrungen aufzuspüren, die zu Brücken in Ungewohntes werden können. Sie kann helfen, sich aus scheinbar festgeschriebenen Lebensverhältnissen zu lösen und der Sehnsucht nach Sinn und Erfüllung Raum zu geben.

Wie wichtig für die Suche nach dem persönlichen Weg des Glaubens und Lebens die Gemeinschaft ist, sich zusammen zu setzen und sich miteinander auszutauschen, schildert eindrücklich die Geschichte von der Begegnung an jenem Sabbattag: „...wir setzten uns und redeten mit den Frauen, die dort zusammenkamen". In solchem Miteinander kann „dass Herz aufgetan“ werden, können sich Türen ins Weite öffnen. Angesichts des oft schweren Weges, den der Apostel Paulus mit seinen Mitarbeitern und Mitarbeiterinnen um Gottes und seines Evangeliums willen zurückgelegt hatte, ist es angebracht zu fragen:

Welche Berührungs- und Anknüpfungspunkte,
Stationen und Erfahrungen,
welche Menschen,
kann ich auf meiner Wegkarte eintragen?
Wo stehe ich jetzt?
Welche Aufgaben stehen an?
Was gibt mir der Glaube für mein Leben?
Wo ist Veränderung nötig?

Lydias Haus kann zum Bild für Kirche werden:

Kirche, ein Haus,
in dem Begegnung gepflegt,
Gemeinschaft gestaltet wird,
Begegnung mit Gott,
Begegnung mit den Menschen.

Kirche, ein offenes Haus.
Die Menschen kommen gern zusammen.
Sie nehmen einander wahr,
teilen Freude und Leid,
ringen um Antworten auf Lebensfragen.

Kirche, Ort des Erinnerns,
Ort des Lernens.
Die Menschen hören,
was sie einander zu sagen,
welche Erfahrungen sie weiter zu geben haben.

Kirche, wanderndes Gottesvolk,
unterwegs ins Gelobte Land,
durch Durststrecken
zum himmlischen Jerusalem.
Jesus, der Kyrios[53], geht voran.

---

[53] Das Wort „Kirche“ ist geht auf die griechische Wendung *kyriakaé ekklaesía* und bezeichnet die „zum Kyrios / Herrn gehörende (Gemeinde-)Versammlung“.

Entscheidungsfreiheit und Verantwortung

Aber die Schlange war listiger als alle Tiere auf dem Felde, die Gott der HERR gemacht hatte, und sprach zu dem Weibe: Ja, sollte Gott gesagt haben: ihr sollt nicht essen von allen Bäumen im Garten? Da sprach das Weib zu der Schlange: Wir essen von den Früchten der Bäume im Garten; aber von den Früchten des Baumes mitten im Garten hat Gott gesagt: Esset nicht davon, rühret sie auch nicht an, daß ihr nicht sterbet! Da sprach die Schlange zum Weibe: Ihr werdet keineswegs des Todes sterben, sondern Gott weiß: an dem Tage, da ihr davon esset, werden eure Augen aufgetan, und ihr werdet sein wie Gott und wissen, was gut und böse ist.

Und das Weib sah, daß von dem Baum gut zu essen wäre und daß er eine Lust für die Augen wäre und verlockend, weil er klug machte. Und sie nahm von der Frucht und aß und gab ihrem Mann, der bei ihr war, auch davon, und er aß. Da wurden ihnen beiden die Augen aufgetan, und sie wurden gewahr, daß sie nackt waren, und flochten Feigenblätter zusammen und machten sich Schurze. Und sie hörten Gott den HERRN, wie er im Garten ging, als der Tag kühl geworden war. Und Adam versteckte sich mit seinem Weibe vor dem Angesicht Gottes des HERRN unter den Bäumen im Garten.

Und Gott der HERR rief Adam und sprach zu ihm: Wo bist du? Und er sprach: Ich hörte dich im Garten und fürchtete mich; denn ich bin nackt, darum versteckte ich mich. Und er sprach: Wer hat dir gesagt, daß du nackt bist? Hast du nicht gegessen von dem Baum, von dem ich dir gebot, du solltest nicht davon essen? Da sprach Adam: Das Weib, das du mir zugesellt hast, gab mir von dem Baum, und ich aß. Da sprach Gott der HERR zum Weibe: Warum hast du das getan? Das Weib sprach: Die Schlange betrog mich, so daß ich aß. Da sprach Gott der HERR zu der Schlange: Weil du das getan hast, seist du verflucht, verstoßen aus allem Vieh und allen Tieren auf dem Felde. Auf deinem Bauche sollst du kriechen und Erde fressen dein Leben lang. Und ich will Feindschaft setzen zwischen dir und dem Weibe und zwischen deinem Nachkommen und ihrem Nachkommen; der soll dir den Kopf zertreten, und du wirst ihn in die Ferse stechen. Und zum Weibe sprach er: Ich will dir viel Mühsal schaffen, wenn du schwanger wirst; unter Mühen sollst du Kinder gebären. Und dein Verlangen soll nach deinem Manne sein, aber er soll dein Herr sein. Und zum Manne sprach er: Weil du gehorcht hast der Stimme deines Weibes und gegessen von dem Baum, von dem ich dir gebot und sprach: Du sollst nicht davon essen -, verflucht sei der Acker um deinetwillen! Mit Mühsal sollst du dich von ihm nähren dein Leben lang. Dornen und Disteln soll er dir tragen, und du sollst das Kraut auf dem Felde essen. Im Schweiße deines Angesichts sollst du dein Brot essen, bis du wieder zu Erde werdest, davon du genommen bist. Denn du bist Erde und sollst zu Erde werden. Und Adam nannte sein Weib Eva; denn sie wurde die Mutter aller, die da leben. Und Gott der HERR machte Adam und seinem Weibe Röcke von Fellen und zog sie ihnen an.

Und Gott der HERR sprach: Siehe, der Mensch ist geworden wie unsereiner und weiß, was gut und böse ist. Nun aber, daß er nur nicht ausstrecke seine Hand und breche auch von dem Baum des Lebens und esse und lebe ewiglich! Da wies ihn Gott der HERR aus dem Garten Eden, daß er die Erde bebaute, von der er genommen war. Und er trieb den Menschen hinaus und ließ lagern vor dem Garten Eden die Cherubim mit dem flammenden, blitzenden Schwert, zu bewachen den Weg zu dem Baum des Lebens.

1. Mose / Genesis 3,1-24

Kaum eine biblische Geschichte hatte so negative Auswirkungen wie die Geschichte im 3. Kapitel des 1. Mosebuches[54]. Martin Luther gab ihr die

---

[54] Der Bibeltext 1. Mose / Genesis 3,1-24 ist nach den kirchlichen Perikopenreihen dem Sonntag „Invocavit" (nach Psalm 91,15 „*er ruft mich an*, darum will ich ihn erhören"), dem 1. Sonntag in der Passionszeit, zugeordnet (Reihe III).

Überschrift „Der Sündenfall“, obwohl im ganzen Kapitel von der Sünde ausdrücklich nicht die Rede ist. Aus dieser Bibelgeschichte wird vor allem die Herrschaft des Mannes über die Frau abgeleitet und deren Unterordnung unter den Mann begründet: „Er soll dein Herr sein“[55]. Darauf beruft sich der erste Timotheusbrief: „Einer Frau gestatte ich nicht, dass sie lehre, auch nicht, dass sie über den Mann Herr sei, sondern sie sei still. Denn Adam wurde zuerst gemacht, danach Eva. Und Adam wurde nicht verführt, die Frau aber hat sich zur Übertretung verführen lassen. Sie wird aber dadurch selig, dass sie Kinder zur Welt bringt…“[56]. Andererseits betont der Apostel Paulus, dass durch Adam die Sünde in die Welt gekommen sei[57], und nur „der zweite Adam“, Jesus von Nazareth, könne vom ewigen Tod retten[58].

Das Verständnis der biblischen Erzählung hängt bereits von den Überschriften ab, die nachträglich dem Kapitel gegeben wurden[59], aber auch von Übersetzung und Deutung des hebräischen Bibeltextes. Spricht die Erzählung die verhängnisvolle böse Wahl oder die Entscheidungsfreiheit des Menschen an? Um die Erzählung zu verstehen, ist es wichtig, ihren Zusammenhang mit der Schöpfungsgeschichte zu beachten. Darin gibt Gott dem Menschen den Auftrag, „den Garten Eden zu bebauen und zu bewahren“[60]. Gott überträgt dem Menschen Verantwortung und zeigt ihm zugleich Grenzen auf, denn vom „Baum der Erkenntnis des Guten und Bösen“ soll er nicht essen. Die Vertreibung aus dem Garten Eden, auf welche die biblische Erzählung zuläuft, führt nicht in den Abgrund. Gottes ursprünglicher Auftrag an den Menschen bleibt. Damit der Mensch seine eigentliche Bestimmung nicht verfehlt, ruft Gott ihn: „Wo bist du?“[61]

---

[55] 1. Mose / Genesis 3,16.
[56] 1. Timotheus 2,13-15.
[57] Römer 5,12-19.
[58] 2. Korinther 15,22.45-49.
[59] „Der Sündenfall“ – „Das verlorene Paradies“ – „Die Versuchung“ – “Die Verführung“ – „Der Mensch im Widerspruch zu Gott“.
[60] 1. Mose / Genesis 2,15.
[61] 1. Mose / Genesis 2,9.

Täglich ist der Mensch gefordert, sich zwischen gut und nicht gut zu entscheiden. Gut ist, was zusammenführt, klärt, hilft. Schlecht ist, was entzweit, keine Verständigung sucht, allein lässt. Kein Mensch soll schutzlos, „bloßgestellt“, sein. Dafür steht in der Erzählung die bildhafte Beschreibung des fürsorglichen Handeln Gottes: „Gott machte Adam und Eva Röcke von Fellen und zog sie ihnen an“. Adam meint nicht die „Unterordnung“ seiner Frau, wenn er ihr den Namen „Eva“ gibt, der „Mutter aller, die leben“ bedeutet. Er sieht Eva eher weit über sich, als Lebensschöpferin an der Seite Gottes, dem Schöpfer allen Lebens.

Die biblische Erzählung ruft kein abgeschlossenes Geschehen der menschlichen Vorgeschichte in Erinnerung, sondern stellt zu jeder Zeit jedem Menschen die Frage: „Wo bist du?“ Es ist die Frage nach seiner Bestimmung, damit der Mensch zum Menschen werde, wie Gott ihn dachte[62]. Dieser Mensch ist in Jesus von Nazareth auf die Welt gekommen als „das Ebenbild Gottes“[63]. In ihm bleibt Gott den Menschen zugewandt.

---

[62] 1. Mose / Genesis 1,27 „Gott schuf den Menschen zu seinem Bilde“.
[63] Vgl. 1. Mose / Genesis 1,27; Römer 5,14; Kolosser 1,15.

Ein hörendes Ohr und ein sehendes Auge, die macht beide der HERR.

Sprüche / Proverbien 20,12

Da wurden ihre Augen geöffnet, und sie erkannten ihn. Lukas 24,31

Entsprechung

Gott, der du siehst,
Augen gabst du mir.
Öffne mir die Augen,
dass ich besser und tiefer sehe.

Gott, der du hörst,
Ohren gabst du mir.
Öffne mir die Ohren,
dass ich aufmerksam hinhöre.

Gott, der du sprichst,
einen Mund gabst du mir.
Öffne mir den Mund,
dass ich frei sage, was nötig ist.

Gott, der du liebst,
ein Herz gabst du mir.
Öffne mir das Herz,
dass ich anderen freundlich begegne.[64]

[64] Der Text findet sich in anderer Form in Verbindung mit meiner Predigt unter dem Titel „Sei sehend" zu Lukas 18,31-43, in: Pastoralblätter. Predigt – Seelsorge – Die Praxis, 147. Jg., 2007, S. 109-113, hier S. 113.

Denn wie der Leib einer ist und doch viele Glieder hat, alle Glieder des Leibes aber, obwohl sie viele sind, doch ein Leib sind: so auch Christus. Denn wir sind durch einen Geist alle zu einem Leib getauft, wir seien Juden oder Griechen, Sklaven oder Freie, und sind alle mit einem Geist getränkt.

1. Korinther 12,12-13(14-27)

Leib Christi

Ich bin lebendig,
ich lebe in ihm,
ich bin eingegliedert

in die Gemeinschaft,
in die Hoffnung.

Wir leben füreinander,
wir teilen Freude,
wir sehen Leid.

Leib, der zusammenhält.

Stärken und Schwächen

Simon, Simon, siehe, der Satan hat begehrt, euch zu sieben wie den Weizen. Ich aber habe für dich gebeten, daß dein Glaube nicht aufhöre. Und wenn du dereinst dich bekehrst, so stärke deine Brüder. Er aber sprach zu ihm: Herr, ich bin bereit, mit dir ins Gefängnis und in den Tod zu gehen. Er aber sprach: Petrus, ich sage dir: Der Hahn wird heute nicht krähen, ehe du dreimal geleugnet hast, daß du mich kennst. Lukas 22,31-34

Früh am Morgen, wenn sich der neue Tag ankündigt, kräht der Hahn. So nahe ist die Zeit der Verhaftung Jesu gerückt, so nahe ist für die Jüngerinnen und Jünger Jesu die Zeit der Angst, aber alles ist noch unfassbar. Gerade haben sie sich noch darüber gestritten[65], wer von ihnen der Größte sei. Jesus stellt klar: Der Größte ist, wer nicht um jeden Preis groß sein will, sondern das Wohl des anderen sucht. Darin einander nachzueifern, steht den Jüngerinnen und Jüngern Jesu gut an.

Im Lukasevangelium wird erzählt, wie sich Jesus Simon Petrus zuwendet und ihn auf die zerstörerischen Kräfte aufmerksam macht, welche die guten Bestrebungen niederhalten oder in verkehrte Richtungen lenken: „Simon, Simon, siehe, der Satan hat begehrt, euch zu sieben wie den Weizen. Ich aber habe für dich gebeten, daß dein Glaube nicht aufhöre...."

Sieht Petrus die Gefahr denn nicht? Merkt er nicht, wie die Macht des Bösen lauert? Unterschätzt er die Möglichkeiten des „Satans", die menschlichen Schwächen herauszusieben und sie für seine Zwecke zu nutzen? Einer der zwölf Jünger, Judas Iskariot, war dessen Schlichen bereits erlegen[66]. Der Satan erscheint in der Bibel als Ankläger; er hat sogar einen Sitz im

[65] Lukas 22,24-26.
[66] Lukas 22,3.

himmlischen Thronrat und ist von Gott ermächtigt, den Glauben der Menschen zu prüfen, ob dieser wirklich echt und nicht nur frommer Schein sei.[67] „Simon, Simon, siehe, der Satan hat begehrt, euch zu sieben wie den Weizen." Weist Jesus mit diesen Worten auf die bevorstehenden Bewährungsproben hin, welche seine Jüngerinnen und Jünger bis an die Grenzen ihrer Kräfte fordern werden?

Petrus wird in seiner Angst schwach werden, er wird leugnen, Jesus je gekannt zu haben.[68] Aber Jesus geht anders als der Satan mit den Menschen und ihren Schwächen um; er stellt sie nicht bloß, sondern steht ihnen bei. Jesus benennt sogar seine eigenen Schwächen und weiß, die Stärken seiner Jünger, die ihm beistanden, anerkennend und dankbar zu schätzen: „Ihr aber seid's, die ihr ausgeharrt habt bei mir in meinen Anfechtungen"[69].

Gibt es im eigenen Leben Berührungspunkte mit dem, was Petrus erlebte? Jeder Mensch muss sich wie Petrus der Frage stellen, wie er sich verhalten würde, wenn jemand seine Schwächen offen anspricht. Möchte er nicht wie Petrus Jesus gegenüber Stärke zeigen, dass nichts ihn davon abhalten könne, mit ihm zu gehen, von seiner Seite zu weichen? Man kann sich diesen bekenntnisstarken Petrus gut vorstellen, ein durch und durch ehrlicher Mensch, überzeugt von dem, was er sagte, ein begeisterter und begeisternder Anhänger Jesu und Anführer der jungen christlichen Gemeinden, ein leidenschaftlicher Kämpfer. „Fels" bedeutet der Name Petrus, und diesen Namen hatte ihm doch Jesus selbst gegeben.

---

[67] Hiob 1,6-2,10.
[68] Markus 14,66-72.
[69] Lukas 22,28, vgl. die Übersetzung in der „Bibel in gerechter Sprache", 3. Aufl., 2007: „die in meinen Prüfungen mit mir zusammen durchgehalten haben".

Stark und schwach war Petrus. Auf die Schwäche sprach Jesus ihn mit den Worten an: „Ehe heute der Hahn kräht, wirst du mich dreimal verleugnen“[70]. War es die die plötzliche Angst um sein Leben, die Petrus in seinem überraschenden Verhalten bestimmte, und darum so etwas wie Selbstschutz? Ist dies heute der Grund, Hilfe zu verweigern und über Ungerechtigkeit zu schweigen? Petrus hatte wohl kaum daran gedacht, dass er versagen könnte. Wie menschlich.

„Ich aber habe für dich gebeten, dass dein Glaube nicht aufhöre", spricht Jesus Petrus zu. Jesus trat für Petrus vor Gott ein, betete für ihn, dass er sein Gottvertrauen nicht verliere. Petrus ist auf seinem schweren Weg nicht allein. Jesus selbst wird zum Fürsprecher damals für Petrus und hier und heute für jede Frau, jeden Mann, für die Kleinen und die Großen. Petrus, der Fels, der auch ins Wanken geraten kann, richtet die Menschen als seine Geschwister auf, weil er selbst durch Jesu Zuspruch aufgerichtet wurde: „Ich aber habe für dich gebeten, dass dein Glaube nicht aufhöre".

[70] Lukas 22,61.

Und wir geben in nichts irgendeinen Anstoß, damit unser Amt nicht verlästert werde; sondern in allem erweisen wir uns als Diener Gottes:

in großer Geduld, in Trübsalen, in Nöten, in Ängsten, in Schlägen, in Gefängnissen, in Verfolgungen, in Mühen, im Wachen, im Fasten, in Lauterkeit, in Erkenntnis, in Langmut, in Freundlichkeit, im heiligen Geist, in ungefärbter Liebe, in dem Wort der Wahrheit, in der Kraft Gottes, mit den Waffen der Gerechtigkeit zur Rechten und zur Linken, in Ehre und Schande; in bösen Gerüchten und guten Gerüchten, als Verführer und doch wahrhaftig; als die Unbekannten, und doch bekannt; als die Sterbenden und siehe, wir leben; als die Gezüchtigten, und doch nicht getötet; als die Traurigen, aber allezeit fröhlich; als die Armen, aber die doch viele reich machen; als die nichts haben, und doch alles haben.

2. Korinther 6,3-10

Langer Atem

Gepriesen sei,
der mich Konflikte bestehen lässt,
in scheinbar ausweglosen Situationen
langen Atem schenkt.

Gepriesen sei,
der mich nicht der Resignation überlässt,
mich in der Mitte der Nacht
den Anfang eines neuen Tages sehen lehrt.[71]

[71] Vgl. Jörg Zink, Die Mitte der Nacht ist der Anfang des Tages…, 3. Aufl., Stuttgart 1970.

Gepriesen sei,
der mir in Leid und Tod
Türen zum Leben öffnet,
mir Licht ist auf meinem Weg.

Gepriesen sei,
der ganz unterschiedliche,
sogar widersprüchliche Zeiten
und Situationen meines Lebens

nebeneinander stehen lässt,
sie sogar zusammenfügt
zu einem Ganzen.
Gepriesen sei Gott.

Ein Beispiel habe ich euch gegeben, damit ihr tut, wie ich euch getan habe.

Johannes 13,15

Du siehst mich

Jesus,
mit deinem Beispiel,
deiner Art zu glauben,
zu hoffen, zu lieben,
gibst du mir zu denken.

Ich will an deiner Seite sein,
will mit dir gehen,
und mache die Erfahrung,
wie schwer mir das fällt.

Aber du siehst mich
in meinem Wunsch nach Leben,
du gehst mir voran,
stärkst Glauben, Hoffnung,
Liebe[72].[73]

---

[72] 1. Korinther 13,13.

[73] Der Text findet sich in anderer Form in Verbindung mit meiner Predigt unter dem Titel „Gottes Dienst" zu Johannes 13,1-15.(34-35), in: Pastoralblätter. Predigt – Seelsorge – Die Praxis, 143. Jg., 2003, S. 240-244, hier S. 243.

Ostern

Und als der Sabbat vergangen war, kauften Maria von Magdala und Maria, die Mutter des Jakobus, und Salome wohlriechende Öle, um hinzugehen und ihn zu salben. Und sie kamen zum Grab am ersten Tag der Woche, sehr früh, als die Sonne aufging. Und sie sprachen untereinander: Wer wälzt uns den Stein von des Grabes Tür? Markus 16,1-3

Geheimnis des Lebens

Ostern –
Fest der Auferstehung
aus Tod, Grab und Traurigkeit,
aus der Enge in den weiten Raum.

Ostern –
in der Mitte der Nacht
beginnt ein neuer Tag,
die Sonne geht auf.

Ostern –
der Stein auf dem Weg
bleibt nicht für immer und ewig,
der Weg wird frei.

Ostern –
sich nicht entmutigen lassen, weitergehen
auf den Spuren des Auferstandenen,
belebt von Gottes Lebenshauch.

Ostern –
Zeit und Ewigkeit berühren sich,
Gott weckt mich auf aus vielerlei Lähmungen,
lässt aufblühen, was in mir schlummert.

Ostern –
Erfahrung mit Menschen,
die mich unerwartet verstehen,
mich begleiten, aufrichten, trösten.

Ostern –
Gott hat Jesus nicht im Tod gelassen,
hat ihn aufgeweckt
in das unzerstörbare Leben.

Ostern –
Christus ist auferstanden,
die Macht des Todes ist todsicher gebrochen.
Geheimnis des Lebens.

Ostern –

Evangelium, gute Nachricht:

Der schwere Stein ist weggewälzt.

Gott sei Dank.

Lazarus, komm heraus! Johannes 11,43

Offen ins Weite

Komm heraus
aus Grab
und Höhle,
nicht liegen bleiben.

Weg mit den Decken,
trügerischer Schutz,
schau das Morgenlicht,
ein neuer Tag.

Steh auf,
öffne die Augen,
sieh,
ein Weg vor dir.

Wirst erwartet,
heute,
von Vielen,
bist nicht allein.

Jener, der rief:
„Lazarus, komm heraus“[74],
ruft auch dich
beim Namen.

---

[74] Johannes 11,43.

Sein Grab ist leer,
Platzhalter für niemanden mehr,
offen ins Weite,
Leben, dem Tod entrissen.

Gehst nicht verloren,
bist schon gefunden,
in deiner Angst,
im Osterlicht.

Glaube als Beweis?

Es ist aber der Glaube eine feste Zuversicht auf das, was man hofft, und ein Nichtzweifeln an dem, was man nicht sieht. Hebräer 11,1

„Es ist aber der Glaube eine feste Zuversicht auf das, was man hofft, und ein Nichtzweifeln an dem, was man nicht sieht.“ [75] Es ist wie im gewohnten Alltag. Da genügt es oft nicht, Augen zu haben. Ich kann sehenden Auges blind sein. Darum müssen mir die Augen besonders geöffnet werden, um tiefer zu sehen. Zum Beispiel, um den Menschen, dem ich begegne, wirklich wahrzunehmen, seine Gesten zu erkennen, hinter die Fassade zu schauen – denn „du siehst die Weste, nicht das Herz“[76].

Glaube – ein Nichtzweifeln an dem, was man nicht sieht? Wenn es schon schwer fällt zu sehen, was vor Augen ist, wie viel schwerer muss es sein, an etwas zu glauben, was unsichtbar ist. Weit verbreitet ist der Ausspruch: „Ich glaube nur, was ich sehe“. Ein renommierter Naturwissenschaftler soll einmal einen Studierenden, der sich im Hörsaal dieser Auffassung anschloss, aufgefordert haben, nach vorne zu kommen und seinen Verstand auf den Tisch zu legen. Welch überzeugende Sehschule: Nicht sichtbar und doch vorhanden. Es geht um ein äußeres und inneres Sehenlernen, um die Aktivierung einer besonderen Optik, der des inneren Auges, sonst bleibt die Sicht vordergründig, oberflächlich, ohne Tiefenschärfe. „Man sieht nur mit dem Herzen gut“[77], es verbindet äußeres und inneres Sehen.

Glaube – ein Nichtzweifeln an dem, was man nicht sieht? Eine solche Sicht, ein solcher Glaube, hat es schwer, nicht nur heute, wie aus den Worten des

---

[75] Vgl. dazu Heinz Janssen, Der Monatsspruch, in: Pastoralblätter. Predigt – Gottesdienst – Seelsorge – Die Praxis, 150. Jg., 2010, S. 352f.
[76] Nach Wilhelm Busch.
[77] Antoine de Saint-Exupéry.

Hebräerbriefes hervorgeht. Denn es gab schon damals in den jungen christlichen Gemeinden Anlass, überzeugend zu erklären, was Glaube ist, und zu einem Leben im Glauben Mut zu machen. Schwer aus der Welt zu schaffen ist das Vorurteil, Glaube sei ein Nichtgenauwissen, das Wort „glauben" lässt eine solche Deutung zu. Biblischer Glaube hat aber nichts mit einer vagen Vermutung zu tun, sondern mit Vertrauen, Gottvertrauen, Vertrauen in das Leben, „eine(r) feste(n) Zuversicht", wie Martin Luther übersetzte.

Der Glaube vertraut darauf, dass Gott da ist und die Glaubenden umgibt. Zu diesem Glauben ermutigt in der Fortsetzung des Bibelspruchs eine „Wolke von Zeugen", unter ihnen werden zum Beispiel Abraham und Sarah genannt. Im Glauben gehen Menschen wie sie in eine unbekannte Zukunft. Auch wenn es für sie keine Sicherheit gibt, wohin der Weg führt, so warten sie mit ihnen auf die „Stadt Gottes", und sie verbinden damit die Hoffnung, dass Gott sie auf ihrem Lebensweg begleitet. Sie bleiben nicht stehen, sondern gehen wie Abraham und Sarah weiter, manchmal ängstlich und voller Zweifel, manchmal zuversichtlich oder mit gemischten Gefühlen. Wie nahe kommt in Zweifel und Angst jener Mensch, der in seiner verzweifelten Lebenssituation gegenüber Jesus ausrief: „Ich glaube; hilf meinem Unglauben".[78]

Glaube – ein Nichtzweifeln an dem, was man nicht sieht? Der Ausspruch im Hebräerbrief lädt ein, die alltägliche Wirklichkeit mit den Augen des Glaubens zu sehen. Die wörtliche Übersetzung der Bibelworte ist erhellend: „Glaube ist aber Verwirklichung von Erhofftem, ein Beweis für Dinge, die nicht gesehen werden können". In diesem Sinn schafft sich sogar der glaubende Mensch die Welt, die ihn wesenhaft bestimmt. Der Glaube beweist gegen allen Augenschein: Es gibt noch eine andere Wirklichkeit, die Menschen nicht sehen können, sie aber zutiefst mit einer neuen Sicht beseelt, einer festen

[78] Markus 9,24.

„ZuverSicht“, einem Zutrauen zu Gott, auch dann, wenn sie seine Wege nicht verstehen. Darum ruft der Hebräerbrief im weiteren Zusammenhang dazu auf, „mit Geduld“ weiterzugehen und dabei „auf(zu)sehen zu Jesus, dem Anfänger und Vollender des Glaubens“.[79]

[79] Hebräer 12,1f.

Alt und neu

Ist jemand in Christus, so ist er eine neue Kreatur; das Alte ist vergangen, siehe, Neues ist geworden. 2. Korinther 5,17

„...das Alte ist vergangen, siehe, Neues ist geworden.“[80] Die Worte des Apostels Paulus aus dem 2. Korintherbrief lassen ahnen, dass mit alt und neu mehr als etwa der zeitliche Wechsel von heute auf morgen gemeint ist. Sie öffnen gleichsam einen Raum, der durch Christus geprägt ist. Christus selbst ist der Raum. In diesem Raum bin ich nicht eingeengt oder eingeschlossen. Ich kann atmen, mich frei bewegen und zu meinem Besten entfalten. Veränderung auf Neues hin. Altes hält mich nicht, legt mich nicht mehr fest, ist durch Christus vergangen. Ich bin nicht die armselige, sondern eine neue Kreatur, durch Christus in das österliche Leben hineingenommen.

„In Christus sein“, wie in einen offenen Raum gehen, die Beziehung zu ihm suchen, sich von ihm einbeziehen lassen umschreibt anschaulich, was christlicher Glaube bedeutet. Manchmal spüre ich schon beim Betreten eines Raumes, ob ich willkommen bin und es mir hier gut gehen wird; dann kommt mir das Psalmwort in den Sinn: „Du stellst meine Füße auf weiten Raum“[81]. Die von Paulus beschriebene Kondition „Ist jemand in Christus“ höre ich wie eine Einladung: Komm in mein Haus, nimm Platz an meinem Tisch, der Tisch ist gedeckt, lass dich bedienen. „Kommt, denn es ist alles bereit...“, so wird es der Gemeinde in der Abendmahlsliturgie zugerufen. Du bist in einem Raum, der von dem Atem der bedingungslosen Liebe Gottes erfüllt ist. Hier ist es möglich, miteinander zu sprechen, zu schweigen und zu singen, Freude und Leid des Lebens zu teilen.

---

[80] Wochenspruch zu Jubilate, dem 3. Sonntag nach Ostern. Vgl. Heinz Janssen, Der Wochenspruch im Religionsunterricht, in: Deutsches Pfarrerblatt. Zeitschrift für Pfarrerinnen und Pfarrer, 92. Jg., Heft 1, 1992, S. 33-34.

[81] Psalm 31,9.

Außen und innen

Darum werden wir nicht müde; sondern wenn auch unser äußerer Mensch verfällt, so wird doch der innere von Tag zu Tag erneuert. Denn unsre Trübsal, die zeitlich und leicht ist, schafft eine ewige und über alle Maßen gewichtige Herrlichkeit, uns, die wir nicht sehen auf das Sichtbare, sondern auf das Unsichtbare. Denn was sichtbar ist, das ist zeitlich; was aber unsichtbar ist, das ist ewig. 2. Korinther 4,16-18

„Darum werden wir nicht müde..." Der Apostel Paulus redet hier, wie aus dem Zusammenhang seines zweiten Briefes an die Gemeinde in Korinth hervorgeht, nicht von der körperlichen Müdigkeit, die mehr oder weniger normal ist, sondern von einer Müdigkeit im übertragenen Sinn. Wenn meine persönlichen Anstrengungen zu keinem Erfolg führen, will ich bald aufgeben. Ich bin müde, immer wieder mein Bestes zu geben. Dazu passen solche Sätze: Wie oft habe ich schon versucht... Es hat ja doch keinen Zweck... Wieder und wieder habe ich mich bemüht, und was hat es gebracht... - Wer kennt nicht diese Art von Müdigkeit, diese Verzagtheit, dieses Gefühl der Ohnmacht oder Sinnlosigkeit.

Bei Paulus waren es die Anfeindungen, die er und seine Mitarbeiterinnen und Mitarbeiter bei der Verkündigung des Evangeliums erlebten. Oft gingen sie über ihre Kraft, wie er es am Anfang des Briefes äußert. Auch die Menschen in den jungen Gemeinden waren Belastungsproben ausgesetzt, wenn es galt, für ihren Glauben einzustehen. Was war richtig, was war falsch? Alles war doch neu und die Unsicherheit noch ständige Begleiterin. Die Auseinandersetzungen waren anstrengend, das konnte wirklich müde und verzagt machen, dazu kamen die Anfeindungen von außen. Was gab dem Apostel Paulus die Kraft zu sagen: „Darum werden wir nicht müde, sondern wenn auch der äußere Mensch verfällt, so wird doch der innere (Mensch) von Tag zu Tag erneuert".

Paulus unterscheidet deutlich zwischen innen und außen. Außen ist der Leib, der Körper. Unaufhaltsam verändert er sich, trägt die Spuren des Alterns und ist so etwas wie „der Spiegel der Seele". Er gibt Signale und fordert Aufmerksamkeit, wenn er vernachlässigt wird. Im Gegensatz zu diesem „äußeren Menschen" meint Paulus mit dem „inneren Menschen" das nicht Sichtbare des Menschen. Es ist darum aber nicht ein Nichts, sondern etwas Beständiges, Unvergängliches, „Ewiges", etwas, was das Menschsein zutiefst bestimmt und prägt. Das Verhältnis zwischen Sichtbarem und Unsichtbarem beschreibt er mit den Worten: „Denn was sichtbar ist, das ist zeitlich; was aber unsichtbar ist, das ist ewig". Das Unsichtbare sind die inneren Werte:

Die Liebe, die ein Mensch an andere weitergibt;
die Freude, die jemand verbreitet;
die Zuversicht, die sie vermittelt;
die Erkenntnis von Zusammenhängen, die klären;
der Mut, zu seinen Entscheidungen zu stehen;
die Freiheit, einzugestehen, sich geirrt zu haben;
das Vertrauen, auch in schweren Zeiten von Gott begleitet zu sein.

Das „Äußere" des Menschseins ist vergänglich und darum begrenzt. Aber es wird dadurch nicht abgewertet. Es behält mit allen freude- und leidvollen Erfahrungen seine Bedeutung für das „Innere". Es „schafft", so der Apostel, „eine ewige und über alle Maßen gewichtige Herrlichkeit". Weil der innere Mensch von Tag zu Tag erneuert wird[82], ist der Mensch nicht fest gelegt. Veränderung ist möglich.[83] Gott sei Dank.

---

[82] Mit der passiven Formulierung wird ein Handeln Gottes umschrieben.
[83] Vgl. Philipper 2,13: *Denn Gott ist's, der in euch wirkt beides, das Wollen und das Vollbringen, nach seinem Wohlgefallen.*

EIN PSALM. Singet dem HERRN ein neues Lied, denn er tut Wunder. Er schafft Heil mit seiner Rechten und mit seinem heiligen Arm. Der HERR läßt sein Heil kundwerden; vor den Völkern macht er seine Gerechtigkeit offenbar. Er gedenkt an seine Gnade und Treue für das Haus Israel, aller Welt Enden sehen das Heil unsres Gottes. Jauchzet dem HERRN, alle Welt, singet, rühmet und lobet! Lobet den HERRN mit Harfen, mit Harfen und mit Saitenspiel! Mit Trompeten und Posaunen jauchzet vor dem HERRN, dem König! Das Meer brause und was darinnen ist, der Erdkreis und die darauf wohnen. Die Ströme sollen frohlocken, und alle Berge seien fröhlich vor dem HERRN; denn er kommt, das Erdreich zu richten. Er wird den Erdkreis richten mit Gerechtigkeit und die Völker, wie es recht ist. Psalm 98

Einstimmung

Kantate,
Sonntag der Kirchenmusik.
Singen und klingen
muss es
in den Gotteshäusern.
„Cantate Domino..."[84]

bei offenen Kirchenfenstern
und weit geöffneten Türen,
damit der Klang nach außen dringt,
einlädt, hereinzukommen, mitzusingen.
„Laudate, omnes gentes,
laudate Dominum..."[85]

---

[84] Psalm 98,1.
[85] Evangelisches Gesangbuch, Nr. 181.6.

Die Kantorin präludiert,
verlässt die Orgelbank,
geht singend auf die Gemeinde zu,
animiert sie, macht ihr Lust,
die eigene Melodie zu finden.
Man singt nur mit dem Herzen gut.

„Auf und machet die Herzen weit…"[86]
Der Liturg singt
ein Gebet,
die Herzen werden weit.
"Doppelt betet, wer singt."[87]
Stimmt ein

in das Lied des österlichen Lebens.
Nicht in das alte Lied zurückfallen.
Singt von „Glaube, Hoffnung, Liebe"[88].
Dankt, bittet, tröstet.
„Singt GOTT ein neues Lied."[89]

Kantate,
Sonntag der Kirchenmusik.
Singen und klingen
muss es
in den Gotteshäusern.
„Cantate Domino…"

---

[86] Evangelisches Gesangbuch, Nr. 454.
[87] Der Ausspruch wird sowohl Augustin als auch Martin Luther zugeschrieben.
[88] 1. Korinther 13,13.
[89] Psalm 98,1.

Der Ton macht die Musik

Singet dem HERRN ein neues Lied, denn er tut Wunder. Psalm 98,1

Zum Singen rufen diese Psalmworte auf.[90] Ein neues Lied soll angestimmt werden. Ein neues Lied, was heißt das? Es kann bedeuten, jeden Tag mit seiner eigenen Melodie anzunehmen. An guten Tagen frohe Lieder, in Momenten des Glücks einen spontanen dankbaren Jubel erklingen lassen. Ist es ein dunkler Tag, findet auch ein Klagelied wie ein Ruf aus der Not ein offenes Ohr bei Gott. Welch eine Kraft können Lieder haben! Sie helfen, den persönlichen Lebenserfahrungen, den Gefühlen und erlebten Wundern Ausdruck zu geben.

Ein neues Lied singen heißt, auf die Melodie und den Rhythmus der verschiedenen Lebenssituationen achten und die eigene Stimme mit einbringen. Heute sind es vielleicht leichte und fröhliche Töne, morgen klagende oder schrille, nach Aufmerksamkeit verlangende. Das neue Lied will die leidvollen Erfahrungen im Leben nie übertönen. Die vielfältigen und zuweilen dissonanten Lebensmelodien müssen nicht in Einklang mit dem neuen Lied gebracht werden. Aber es nimmt den traurigen und bedrängenden Melodien ihre Mächtigkeit. Denn es weiß von den Wundern, die Gott wirkte[91], als er Israel aus der Knechtschaft in das Gelobte Land und Jesus von Nazareth aus dem Tod ins österliche Leben führte.

„Singt GOTT ein neues Lied, denn er tut Wunder!" Dieser Aufruf zum Singen steht nach der liturgischen Ordnung des Kirchenjahres im Zeichen des

[90] Vgl. Heinz Janssen, Die Wochensprüche..., in: Pastoralblätter. Predigt – Gottesdienst – Seelsorge – Die Praxis, 149. Jg., S.310-314, hier: 311.

[91] Jörg Jeremias, Lob Gottes und Erkenntnis des Menschen in den Psalmen, in: Prüfet alles, und das Gute behaltet! Zum Wechselspiel von Kirchen, Religionen und säkularer Welt, Festschrift für Hans-Martin Barth zum 65. Geburtstag, hg. v. Friederike Schönemann und Thorsten Maaßen, Frankfurt a. M. 2004, S. 461-476.

Sonntags Kantate, des Sonntags der Kirchenmusik. Singt jemand nicht mit, so singen andere, hüllen ihn in eine Klangwelt ein, die ihm im Augenblick vielleicht gut tut. Oder es tönt ihm das Wort ins Ohr, das ihn gerade jetzt aufrichtet. Eine Szene in der S-Bahn: Eine Schulklasse, es waren Dritt- und Viertklässler, drängte sich auf die wenigen freien Plätze. Ich war schnell umgeben von einer fröhlichen Kinderschar. Da fing ein Kind in der Sitzreihe gegenüber zu singen an und bewegte sich dazu im Rhythmus. Ein Kind in meiner Sitzgruppe rief zu ihm zu: „Hej, sei ruhig, da ist ein Erwachsener!" Darauf ich spontan: „Nur weiter so, ich finde es schön!" – „O, cool", reagierten darauf einige Kinder. Als das Lied bereits verklungen war und ich aufstand, fragte mich ein Kind: „Musst du schon gehen?" – „Ja", antwortete ich. Dann das Kind zu den anderen: „Auf, singen wir noch ein Lied, er hört es gern!" Ich dachte auf dem Weg an das Psalmwort „Aus dem Mund der Kinder hast du eine Macht zugerichtet"[92] und an das Wort Jesu: „Ich preise dich, Vater, Herr des Himmels und der Erde, weil du dies den Weisen und Klugen verborgen hast und hast es den Unmündigen offenbart. Ja, Vater; denn so hat es dir wohlgefallen"[93].

Für mich war der Tag durch die Kinder gerettet. Ich hörte aus Kindermund so etwas wie das neue Lied. „Singt Gott ein neues Lied, denn er tut Wunder!" Es berührte mich und trug mich durch den Tag, und es klingt in mir nach. Die Kinder ließen mich etwas von der Sorglosigkeit spüren, zu der Jesus in der Bergpredigt aufruft: „Sorgt nicht um euer Leben..."[94] Trotz aller tobenden Wasser und gefährlichen Strömungen, die laut tönen und tosen, bleiben das Vertrauen und die Hoffnung auf Gott der „Tenor", die „tragende" Stimme, im großen weltweiten Chor. Die Kinder in der S-Bahn brachten mich dazu, wieder aufmerksamer auf das unscheinbare neue Lied im Alltag zu hören. Ganz egal, ob sich jemand als mehr oder weniger musikalisch einschätzt, alle

---

[92] Psalm 8,3.
[93] Matthäus 11,25-26.
[94] Matthäus 6,25-34.

haben ein Empfinden für die Wahrheit des Ausspruchs: „Der Ton macht die Musik“.

Wirf dein Anliegen auf den HERRN; der wird dich versorgen und wird den Gerechten in Ewigkeit nicht wanken lassen. Psalm 55,23

Es werden nicht alle, die zu mir sagen: Herr, Herr!, in das Himmelreich kommen, sondern die den Willen tun meines Vaters im Himmel.

Matthäus 7,21

Kontemplation und Aktion

Rogate –
bittet, betet,
fragt, ersucht, forscht,
schüttet euer Herz aus.

Aufforderung, die gut will,
du bist
mit aufgerufen,
bist gerufen,

stehst nicht allein.
Viele beten mit,
bleiben wach,
hören.

Beten – mit Gott ins Gespräch kommen,
seine Sprache entdecken,
Gefühle äußern,
Worte finden.

Eintauchen in das Geheimnis
des Lebens.
Nicht abtauchen.
Dem Licht entgegen.

„Ora et labora",
Kontemplation und Aktion,
beten und handeln,
ganz sein.

Menschen
achtsam begleiten,
Not spüren,
helfen.

Ganz Ohr sein will ich,
offene Tür dir,
weiter Raum,
Resonanz,

für deine Stimme heute,
stimme mich ein,
meine Gedanken
bestimme,

du verstehst sie alle[95],
denke in mir,
entschließe mich,
lass mich nicht allein.

---

[95] Vgl. Psalm 139,2.

Mein Innerstes sehnt sich,
schreit,
streckt sich aus nach dir,
erwartungsvoll.

Mein Herz erhebe ich,
zu dir,
ziehe mich
in deine Nähe.

Suche mich,
finde mich,
suche mich
heim.

Meine Hände
halte ich
dir offen hin,
fülle sie.

Nimm Wohnung bei mir,
zelte[96] in mir
„Wie lieb sind mir
deine Wohnungen!“[97]

„Hier bin ich,
sende mich!“[98]
Weiß nicht, wohin.
Du weißt es.

---

[96] Johannes 1,14 „Und das Wort...wohnte unter uns“, wörtlich: „zeltete unter uns“.
[97] Psalm 84,2.
[98] Jesaja 6,8.

Vielstimmiges Beten

Gelobt sei Gott, der mein Gebet nicht verwirft, noch seine Güte von mir wendet. Psalm 66,20

„Gelobt sei Gott…" In diesen Worten spricht ein Mensch eine wunderbare Erfahrung aus. Seine Gebete waren und sind nicht vergeblich, stießen nicht auf Ablehnung, verhallten nicht im leeren Raum oder blieben schöne Wunschgedanken. Sie erreichten ihr lebendiges Gegenüber in einem hörenden Gott. Ihm widmet der betende Mensch seinen dankbaren Lobpreis. Seine Erkenntnis kann und will er nicht für sich allein behalten. Andere Menschen sollen dadurch ermutigt werden, ihre Anliegen vor Gott zu bringen.

Die Psalmen zeigen, wie vielfältig und ganz unterschiedlich Beten sein kann, es gibt viele Möglichkeiten: Mich still besinnen oder schweigen, den Worten aus dem Herzen freien Lauf lassen, weinen vor Freude, weinen in Trauer. Gott nimmt mich in seiner Güte wahr. Das biblische hebräische Wort[99], das Martin Luther mit „Güte" übersetzte, bezeichnet eine Beziehung. Gott wendet sich mir zu, ist mir treu verbunden. Das Gebet mit und ohne Worte ist die Art und Weise meiner Hinwendung zu Gott, eine Beziehungssuche mit dem Wunsch, eine Antwort zu bekommen. Es ist wie ein Atemholen der Seele in der Gemeinschaft der Mütter und Väter im Glauben.

Der lateinische Sonntagsname „Rogate" sagt, dass „beten" auch „fragen" und „(er)suchen" ist. So darf der betende Mensch mit dem Vertrauen weitergehen, dass Gott ein offenes Ohr für die innersten Regungen hat. Nichts von allem, was einen Menschen umtreibt, ist Gott zu unbedeutend oder zu viel.[100]

---

[99] Hebräisch *chaesaed.*

[100] Vgl. Heinz Janssen, Die Wochensprüche…, in: Pastoralblätter. Predigt – Gottesdienst – Seelsorge – Die Praxis, 149. Jg., 2009, S. 310-314, hier: 312.

Christi Himmelfahrt

Er sprach aber zu ihnen: Es gebührt euch nicht, Zeit oder Stunde zu wissen, die der Vater in seiner Macht bestimmt hat; aber ihr werdet die Kraft des heiligen Geistes empfangen, der auf euch kommen wird, und werdet meine Zeugen sein in Jerusalem und in ganz Judäa und Samarien und bis an das Ende der Erde. Und als er das gesagt hatte, wurde er zusehends aufgehoben, und eine Wolke nahm ihn auf vor ihren Augen weg. Und als sie ihm nachsahen, wie er gen Himmel fuhr, siehe, da standen bei ihnen zwei Männer in weißen Gewändern. Die sagten: Ihr Männer von Galiläa, was steht ihr da und seht zum Himmel? Dieser Jesus, der von euch weg gen Himmel aufgenommen wurde, wird so wiederkommen, wie ihr ihn habt gen Himmel fahren sehen. Apostelgeschichte 1,7-11

Blickrichtung

Komm zu uns,
erdennah,
aus Himmelswelten
uns berühre,
verbinde uns
mit dir.

Dem Tod hast du
den Platz genommen,
gebrochen seine Macht,
entmachtet,
was dem Leben feindlich,
Freiheit uns gebracht.

Bist so fern
und doch ganz nah,
gibst Kraft uns
aus den Höhen,
bist in den tiefsten Tiefen da,
Hand in Hand wir gehen.

Komm zu uns,
erdennah,
aus Himmelswelten
uns berühre,
verbinde uns mit dir,
„Christus Jesus, unser Friede“[101].

[101] Epheser 2,14.

Hören

O Land, Land, Land, höre des Herrn Wort! Jeremia 22,29

Von einem Kind möchte ich erzählen.[102] Es konnte wie kein anderes zuhören. Das ist doch nichts Besonderes, könnte jemand sagen, zuhören kann doch jeder. Aber das ist ein Irrtum. Zuhören ist gar nicht so einfach. Wirklich zuhören wie jenes Kind können vielleicht nur ganz wenige Menschen.

Das Kind, nennen wir es „Öhrchen", konnte so zuhören, dass dummen Leuten plötzlich sehr gescheite Gedanken kamen. Nicht etwa, weil Öhrchen etwas sagte oder fragte, was einen anderen Menschen auf solche Gedanken brachte, nein, Öhrchen saß nur da und hörte einfach zu, ganz aufmerksam. Dabei schaute Öhrchen den anderen Menschen mit großen Augen an, und der andere Mensch fühlte, wie bei ihm auf einmal Gedanken auftauchten, von denen er nie geahnt hatte, dass sie in ihm steckten.

Hören bewirkt Erstaunliches, bei Öhrchen und der Person, die Öhrchen zuhört. Ein Lob auf das Hören wurde schon vor fünftausend Jahren im Alten Ägypten gesungen. In der Lehre des Pthahotep heißt es: „Gott liebt die Menschen, die zuhören können". Auch im Gebiet des heutigen Irak, der Heimat der Familie Abrahams, eines der Stammväter Israels, wurde das Hören besonders hoch geschätzt: Die sumerischen, akkadischen, ugaritischen und schließlich auch die hebräischen Worte für „Ohr" bedeuteten gleichzeitig Klugheit, Verständnis und Verstand.[103]

[102] Text: Heinz Janssen, nach Michael Ende, Momo, by Thienemann Verlag GmbH, Stuttgart-Wien 1973.

[103] *gestu* (sumerisch), *hasisum, uznum* (akkadisch), *ud/dnu* (ug.) oder *´ozän* (hebräisch).

Auf einem Kirchenfenster[104] fand ich die Bibelworte, Worte des Propheten Jeremia: „O Land, Land, Land, höre des Herrn Wort!“ Von dem jungen israelitischen König Salomo wird erzählt: Salomo bat Gott um ein hörendes Herz.[105] Jesus von Nazareth warb dafür, auf Gott zu hören, und er rief den Menschen zu: „Wer Ohren hat zu hören, der höre“[106].

Noch einmal zurück zu Öhrchen. Öhrchen konnte hören. Es konnte so zuhören, dass ratlose oder unentschlossene Leute auf einmal ganz genau wussten, was sie wollten. Dass Schüchterne sich plötzlich frei und mutig fühlten. Oder Unglückliche und Bedrückte zuversichtlich und froh wurden. Wenn ein Mensch meinte, sein Leben sei ganz verfehlt und bedeutungslos und er selbst sei nur irgendjemand unter Abermillionen, jemand, auf den es überhaupt nicht ankomme und der leicht ersetzt werden könne – wenn er dann zu Öhrchen ging und ihm alles erzählte, wurde ihm, noch während er sein Herz ausschüttete, auf einmal klar, dass er sich gründlich irrte. Er erkannte, dass es ihn, genau so wie er war, unter allen Menschen nur ein einziges Mal gab und dass er deshalb für die Welt wichtig und unersetzbar war.

---

[104] In der Providenz-Kirche in Heidelberg / Altstadt.
[105] 1. Könige 3,9.
[106] Markus 4,9.23 u. ö.

Beziehung

Christus spricht: Wenn ich erhöht werde von der Erde, so will ich alle zu mir ziehen. Johannes 12,32

Eine gute Beziehung ist ein Geschenk. Beziehungen auf dieser Erde haben ihre Zeit. Zuweilen ist eine Veränderung eine gute Chance, damit Beziehungen aufhören, die ungut, gestört, zerbrochen und nicht mehr zu heilen sind. Menschen dagegen, die einander lieben und auf eine besondere Weise miteinander verbunden sind, wollen ihre Beziehung nicht um alles in der Welt aufgeben, sie soll bleiben, ein Leben lang und darüber hinaus, ewig. Es fällt schwer, den liebsten Menschen einmal loslassen zu müssen.

„Wenn ich erhöht werde von der Erde, so will ich alle zu mir ziehen", mit diesen Worten sprach Christus einst in die Angst seiner Jüngerinnen und Jünger. Sie bangten um Jesu Beziehung zu ihnen. Das Ende einer Lebens-, Sinn- und Hoffnungsgemeinschaft schien nahe bevorzustehen. Da spricht sie Jesus an. Seine Tage mit ihnen auf dieser Erde waren gezählt. Jesus verneint jedoch ein Ende der Beziehung und bekräftigt deren Verlässlichkeit.

Jesus konnte seinen Vertrauten Trauer und Ängste nicht ersparen, sie bleiben keinem Menschen erspart. Aber Jesus kündigte den Seinen an, dass er mit ihnen in Kreuz und Tod verbunden bleibt. Sein Kreuz bedeutet nicht Niedergang, sondern „Erhöhung"[107]. Den Verunsicherten damals und heute zeigt Christus den Weg in Gottes unsichtbare Welt auf. Aus ihr leuchtet jetzt schon das himmlische Licht. Jesus selbst ist das Licht. Durch ihn wird es hell, fällt auf die menschlichen Beziehungen und Ängste ein Lichtschein, in dem Vertrauen und Liebe aufleuchten. [108]

---

[107] So die besondere Ausdrucksweise im Johannesevangelium.

[108] Vgl. Heinz Janssen, Die Wochensprüche..., in: Pastoralblätter. Predigt – Gottesdienst – Seelsorge – Die Praxis, 149. Jg., 2009, S. 310-314, hier: 313.

GOTT[109]*, du erforschest mich und kennest mich. Ich sitze oder stehe auf, so weißt du es; du verstehst meine Gedanken von ferne.* Psalm 139,1-2

Suchendes Herz

Gott,
du schaust nach mir,
ich bin nicht allein.
Du gehst mit mir,
stehst mir bei,
gibst mir Halt.

Ich bitte dich,
stärke mein Vertrauen.
Bereite mein Herz,
dich zu suchen,
deine Hilfe,
wenn ich sie brauche.

Du hörst.
Du verstehst
meine Gedanken,
sie sind dir vertraut.[110]
Im Namen Jesu
breite ich sie vor dir aus.[111]

---

[109] Die vier Großbuchstaben GOTT stehen – ähnlich wie HERR in der Bibelübersetzung Martin Luthers – für den biblischen Gottesnamen JHWH (vgl. 2. Mose / Exodus 3,13ff; 20,1f.), der von einer bestimmten Zeit an im Judentum nicht ausgesprochen, sondern auf verschiedene Weise umschrieben wurde (z. B. durch „Der Ewige“ oder „Der Name“), was auch heutiger jüdischer religiöser Praxis entspricht.
[110] Vgl. Psalm 139,2.

Pfingsten

So legt nun ab alle Bosheit und allen Betrug und Heuchelei und Neid und alle üble Nachrede und seid begierig nach der vernünftigen lauteren Milch wie die neugeborenen Kindlein, damit ihr durch sie zunehmt zu eurem Heil, da ihr ja geschmeckt habt, daß der Herr freundlich ist. Zu ihm kommt als zu dem lebendigen Stein, der von den Menschen verworfen ist, aber bei Gott auserwählt und kostbar. Und auch ihr als lebendige Steine erbaut euch zum geistlichen Hause und zur heiligen Priesterschaft, zu opfern geistliche Opfer, die Gott wohlgefällig sind durch Jesus Christus. 1. Petrus 2,1-5

Haus der lebendigen Steine

Ich bin Teil eines Ganzen,
ich habe eine Aufgabe,
ich helfe mit,

Leben zu schützen,
Frieden zu schaffen.

Wir gestalten Beziehung,
wir fügen zusammen,
wir sind achtsam,

Steine, die einander halten.

---

[111] Der Text findet sich in anderer Form in Verbindung mit meiner Predigt unter dem Titel „Sei sehend“ zu Lukas 18,31-43, in: Pastoralblätter. Predigt – Seelsorge – Die Praxis, 147. Jg., 2007, S. 109-113, hier S. 113.

Geistfülle und Geisteskraft

Und Mose sprach zu dem HERRN: Warum bekümmerst du deinen Knecht? Und warum finde ich keine Gnade vor deinen Augen, daß du die Last dieses ganzen Volks auf mich legst? Hab ich denn all das Volk empfangen oder geboren, daß du zu mir sagen könntest: Trag es in deinen Armen, wie eine Amme ein Kind trägt, in das Land, das du ihren Vätern zugeschworen hast?

Ich vermag all das Volk nicht allein zu tragen, denn es ist mir zu schwer. Willst du aber doch so mit mir tun, so töte mich lieber, wenn anders ich Gnade vor deinen Augen gefunden habe, damit ich nicht mein Unglück sehen muß. Und der HERR sprach zu Mose: Sammle mir siebzig Männer unter den Ältesten Israels, von denen du weißt, daß sie Älteste im Volk und seine Amtleute sind, und bringe sie vor die Stiftshütte und stelle sie dort vor dich, so will ich herniederkommen und dort mit dir reden und von deinem Geist, der auf dir ist, nehmen und auf sie legen, damit sie mit dir die Last des Volks tragen und du nicht allein tragen mußt.

Und Mose ging heraus und sagte dem Volk die Worte des HERRN und versammelte siebzig Männer aus den Ältesten des Volks und stellte sie rings um die Stiftshütte. Da kam der HERR hernieder in der Wolke und redete mit ihm und nahm von dem Geist, der auf ihm war, und legte ihn auf die siebzig Ältesten. Und als der Geist auf ihnen ruhte, gerieten sie in Verzückung wie Propheten und hörten nicht auf.

4. Mose / Numeri 11,11-12.14-17.24-25

„Warum...", mit dieser Frage wendet sich Mose an Gott. „Warum bekümmerst du deinen Knecht..." Mose hatte sein Volk aus Ägypten herausgeführt, lange Wegstrecken durch die Wüste lagen bereits hinter ihnen, das verheißene „gelobte" Land war näher gerückt. Aber die Menschen wurden bald unzufrieden. Sie waren zwar frei, mussten jedoch unter den nicht leichten Bedingungen in der Wüste auf so Manches verzichten. Besonders vermissten sie die üppige und abwechslungsreiche Nahrung. In der Wüste „nichts als das Manna“[112], sie hatten es satt. Darum sehnten sie sich nach Ägypten zurück, den (heute sprichwörtlichen) „Fleischtöpfen“[113], und hätten dafür die dortige Unfreiheit gerne in Kauf genommen. Mose war enttäuscht. Aber er hatte auch Verständnis für sein Volk. Darum bringt er seine Enttäuschung vor Gott. Es sei doch nicht sein, sondern Gottes Volk, argumentiert Mose, warum dann die ganze Last auf ihn legen. Die Verantwortung für das Volk wird Mose zu schwer, er kann sie nicht alleine tragen. Mose fühlt sich überfordert.

Gott hört die Klage Moses, er lässt ihn nicht im Stich. Er nimmt ihm aber nicht die Verantwortung ab und handelt für ihn, sondern berät und beteiligt ihn. Siebzig Männer unter den Ältesten Israels soll Mose zusammenrufen, und Gott wird von seinem (Moses) Geist nehmen und auf sie legen, so werden sie künftig gemeinsam das Volk „tragen“, es führen und leiten.

Musste Mose erst wieder daran erinnert werden, dass er von Gottes Geist nicht verlassen war? Oder erfüllte Gottes Kraft den verzweifelten Mose, als Gott sich ihm zuwandte, mit ihm redete und Mose sich von Gott verstanden wusste? Der Bibeltext scheint Beides offen zu lassen. Jedenfalls ist Mose von solcher Geistfülle und Geisteskraft, dass er davon nicht nur den siebzig Ältesten abgeben kann, sondern damit auch zwei andere Älteste (Eldad und Medad) erreicht, die aus nicht genannten Gründen fern vom Zelt der Begegnung im Lager blieben[114].

Eine wunderbare „Pfingstgeschichte“, diese Erzählung von der Geistfülle und Geisteskraft, womit Gott die Menschen beschenkt. Es ist Gottes Atem, der in

[112] 4. Mose / Numeri 11,6.
[113] 2. Mose / Exodus 16,2.
[114] 4. Mose / Numeri 11,26.

jedem Menschen wirkt. Die Hebräische Bibel gebraucht für Geist und Atem nicht zufällig das gleiche Wort.[115] Es ist der Atem, der lebendig macht, Sprechen, Rufen und Singen ermöglicht, kräftigt und stärkt, Durststrecken durchzuhalten. Ich habe immer mehr davon als mir bewusst ist, kann sogar davon weitergeben, andere aufrichten, ermutigen, trösten.

Die „geistvolle“ Erzählung von der Geistbegabung der „70+2“ Ältesten blieb aktuell. Wie viele Menschen fanden sich in der Klage des Mose, seinem Gefühl der Überforderung und des Alleingelassenseins, wieder. Wie viele schöpften aus seiner Gotteserfahrung neue Kraft. Einige Jahrhunderte später wird Jesus von Nazareth, dem die biblische Erzählung vertraut war, sagen: „Der Wind bläst, wo er will...“[116]. Den fragenden Aposteln verheißt der Auferstandene: „Ihr werdet die Kraft des heiligen Geistes empfangen, der auf euch kommen wird...“[117] In Jerusalem „geschah plötzlich ein Brausen vom Himmel wie von einem gewaltigen Wind und erfüllte das ganze Haus, in dem sie (die Apostel) saßen.“[118] So sind die Pfingstgeschichte des Mose und die der Apostel mit dem gleichen Atem beseelt.

---

[115] Hebräisch *ruach*.
[116] Johannes 3,8.
[117] Apostelgeschichte 1,8.
[118] Apostelgeschichte 2,2.

Und es geschah plötzlich ein Brausen vom Himmel wie von einem gewaltigen Wind und erfüllte das ganze Haus... Apostelgeschichte 2,2

Die Liebe Gottes ist ausgegossen in unsre Herzen durch den heiligen Geist, der uns gegeben ist. Römer 5,5

Guter Geist

Pfingsten – fünfzig Tage nach Ostern,
GOTT gießt Geist aus
wie frisches Wasser,
gibt sich zu spüren,
träufelt aus seinem Lebensstrom
auf dürstendes Land,
lässt Neues wachsen und aufblühen[119].

Komm, GOTT, sprudelnde Fülle,
lass Gemeinschaftssinn, Liebe und Frieden
auf der Erde gedeihen.

Pfingsten – Wolke, bebender Berg, Feuer,
GOTT begleitet sein Volk
Tag und Nacht,
geht mit,
schützt,
wärmt,
weist in gute Richtung.[120]

---

[119] Jesaja 43,19.
[120] 2. Mose / Exodus 13,17-22; 19,16ff.

Komm, GOTT, Du Gottmituns[121],
führe auf den Weg deiner Gebote[122],
gib Augen für die Zeichen deiner Nähe.

Pfingsten – Atem, leichte Brise, Wind, Sturm.[123]
GOTT belebt und bewegt,
schafft kraftvoll Klarheit,
stürmisch (auf)brausend,
sanft (herab)schwebend wie eine Taube[124].
„Ihr werdet die Kraft des Heiligen Geistes empfangen“,
ruft Jesus den Seinen zu[125].

Komm, GOTT, Heilige Schöpfungskraft,
berühre und verändere mich
mit deinem Lebenshauch.

---

[121] Vgl. Jesaja 7,14.
[122] Die Bitte um den rechten „Weg“ findet sich oft in den Psalmen, z. B. Psalm 16,11; 25,4; 27,11; 84,11; 119,32; 139,24; vgl. 2. Mose / Exodus 33,13.
[123] Apostelgeschichte 2,2.
[124] Von der Taube als Metapher für den Heiligen Geist ist bei der Taufe Jesu die Rede, Markus 1,10.
[125] Apostelgeschichte 1,8.

Gottes Kraft und Menschenkraft

Es soll nicht durch Heer oder Kraft, sondern durch meinen Geist geschehen, spricht der HERR Zebaot. Sacharja 4,6

„Es soll nicht durch Heer oder Kraft, sondern durch meinen Geist geschehen..." Was für Gegensätze! Der Prophet Sacharja stellt Menschenkraft und Gotteskraft einander gegenüber. Nicht durch verheerende Menschengewalt, sondern durch Gottes geistvolles Wirken soll geschehen, was das Leben auf dieser Erde fördert.

Gottes Handeln ist durch seinen Geist geprägt, eine Kraft, aus der Leben, Lebensfülle, entsteht. Geist im biblischen Sinn ist mehr als ein Gedanke, eine innere Haltung oder Überzeugung.[126] In einer Welt, die voller gewaltiger Heeresmacht ist, lenkt Sacharja die Aufmerksamkeit auf eine andere Macht, die „himmlischen Heerscharen"[127]. Sie steht im Dienst für ein Leben in Gemeinschaft, Gerechtigkeit und Frieden. Sie fördert das Miteinander, und sie fordert die offene Hand, nicht die geballte Faust.

„Selig sind die Sanftmütigen..."[128], ruft Jesus ganz im Sinn der Sacharjaworte in die Welt. Sanftmut ist ein Kennzeichen für Gottes Geist. Sie wirkt den zerstörerischen Kräften entgegen. Menschen, die von ihr beseelt sind, wissen, dass sie nicht darüber verfügen. Sie lassen sich von der Pfingstbitte inspirieren: „Veni, creator spiritus", „Komm, Gott, Schöpfer, Heiliger Geist..."[129]

---

[126] In der Hebräischen Bibel begegnet das Wort *ruach* zum ersten Mal in der Schöpfungserzählung 1. Mose / Genesis 1,2. Claus Westermann z. B. übersetzt es dort mit „Gottessturm" (BK I/1, Neukirchen-Vluyn 1974, S. 107.

[127] In der Hebräischen Bibel steht dafür das Wort *zebaot*, das in Übersetzungen oft unübersetzt bleibt („Zebaot").

[128] Matthäus 5, 5, vgl. Einheitsübersetzung (1980): „Selig, die keine Gewalt anwenden..."; Gute Nachricht Bibel (1997): „Freuen dürfen sich alle, die auf Gewalt verzichten..."

[129] EG 126.

Siehe, um Trost war mir sehr bange. Du aber hast dich meiner Seele herzlich angenommen... Jesaja 38,17

Ich will euch trösten, wie einen seine Mutter tröstet. Jesaja 66,13

Orientierung

Treuer Gott, Vater,
du tröstest,
wie eine Mutter tröstet,

im Namen Jesu
erhebe ich mein Herz
zu dir.

Führe, leite mich.
Ich möchte
auf deine Stimme achten,

in deinem Geist leben,
dir allein die Ehre geben,
heute und zu jeder Zeit.

III. Trinitatiszeit

Kirche

Ihr seid das Salz der Erde. Wenn nun das Salz nicht mehr salzt, womit soll man salzen? Matthäus 5,13

Salz der Erde

Würze tut gut,
macht Geschmack.
Gut tun will ich,

fragen,
klären,

begeistern,
ermutigen,
trösten,

nicht fade werden.

Trinitatis

Heiliger Same

*[1]In dem Jahr, als der König Usija starb, sah ich den Herrn sitzen auf einem
hohen und erhabenen Thron, und sein Saum füllte den Tempel. [2] Serafim
standen über ihm; ein jeder hatte sechs Flügel: mit zweien deckten sie ihr
Antlitz, mit zweien deckten sie ihre Füße, und mit zweien flogen sie. [3] Und
einer rief zum andern und sprach: Heilig, heilig, heilig ist der HERR Zebaoth,
alle Lande sind seiner Ehre voll! [4] Und die Schwellen bebten von der Stimme
ihres Rufens, und das Haus ward voll Rauch. [5] Da sprach ich: Weh mir, ich
vergehe! Denn ich bin unreiner Lippen und wohne unter einem Volk von
unreinen Lippen; denn ich habe den König, den HERRN Zebaoth, gesehen
mit meinen Augen. [6] Da flog einer der Serafim zu mir und hatte eine glühende
Kohle in der Hand, die er mit der Zange vom Altar nahm, [7] und rührte meinen
Mund an und sprach: Siehe, hiermit sind deine Lippen berührt, daß deine
Schuld von dir genommen werde und deine Sünde gesühnt sei. [8] Und ich
hörte die Stimme des Herrn, wie er sprach: Wen soll ich senden? Wer will
unser Bote sein? Ich aber sprach: Hier bin ich, sende mich! [9] Und er sprach:
Geh hin und sprich zu diesem Volk: Höret und verstehet's nicht; sehet und
merket's nicht! [10] Verstocke das Herz dieses Volks und laß ihre Ohren taub
sein und ihre Augen blind, daß sie nicht sehen mit ihren Augen noch hören
mit ihren Ohren noch verstehen mit ihrem Herzen und sich nicht bekehren
und genesen. [11] Ich aber sprach: Herr, wie lange? Er sprach: Bis die Städte
wüst werden, ohne Einwohner, und die Häuser ohne Menschen und das Feld
ganz wüst daliegt. [12] Denn der HERR wird die Menschen weit wegtun, so daß
das Land sehr verlassen sein wird. [13] Auch wenn nur der zehnte Teil darin
bleibt, so wird es abermals verheert werden, doch wie bei einer Eiche und*

Linde, von denen beim Fällen noch ein Stumpf bleibt. Ein heiliger Same wird solcher Stumpf sein. Jesaja 6,1-13[130]

Wenn die Umfragen wirklich stimmen, wissen viele in die christliche Tradition und Kultur Hineingeborene immer weniger über den christlichen Glauben und die kirchliche Praxis Bescheid. Die Frage nach der Bedeutung der Kirche in unserer Gesellschaft hat durchaus ihre Berechtigung. Noch etwas differenzierter gefragt: Haben die Gottesdienste ihre Wirkung verloren? Stimmt es, was viele sagen, dass sie mit dem Lebensalltag und den eigentlichen Problemen der Menschen nichts zu tun hätten? Dass die Lieder veraltet, die Gebete von gestern und die Predigten langweilig seien? Manche relativieren dieses Urteil und meinen: Gott an sich sei gut, nur sein „Bodenpersonal" sei schlecht. Nicht wenige meinen, dass die ungute Art, wie in der Kirche nicht selten Mitarbeiter und Mitarbeiterinnen miteinander umgingen, sie von der Kirche abhielten oder ihnen den Zugang schwer machten. Schließlich müssten die Pfarrer, die Pfarrerinnen, ganz anders sein: aufgeschlossener für Innovatives, geschickter im Management, vielleicht auch ein wenig frömmer. Aber es gibt auch noch die andere Seite: Ein Mitarbeiter, eine Mitarbeiterin, der Kirche, wenn sie nicht gerade faul waren, mögen sich zuweilen fragen, warum der persönliche Einsatz, das Engagement für Gott und die Menschen, anscheinend so erfolglos seien. Hat Gott am Ende seinen Segen entzogen? Ist Gott aus der Kirche ausgezogen und sucht sich andere Orte der Begegnung mit den Menschen?

Im Bibeltext ist von dem Propheten Jesaja die Rede. Ihn ließ Gott bereits in der Stunde seiner Berufung und Beauftragung wissen, dass seine Verkündigung nicht die Wirkung haben werde, die sich der Prophet erhoffte. Statt offene Ohren, Augen und Herzen, Besinnung und Umkehr,

[130] Jesaja 6,1-13 wird in der kirchlichen Tradition der sechs Predigttextreihen Reihe III, Sonntag Trinitatis (Thema des Sonntags: „Der Dreieinige Gott") zugewiesen.

Nachdenklichkeit und die Bereitschaft, sich zu verändern: Taubheit, Blindheit und Verschlossenheit. Eine wörtliche Übersetzung des göttlichen Auftrags im hebräischen Bibeltext ergibt:

„Mache das Herz dieses Volkes fett,
und seine Ohren mache schwer,
und seine Augen verklebe,
damit es nicht mit seinen Augen sieht
noch mit seinen Ohren hört
noch sein Herz es versteht…"

Im Evangelium nach Markus[131] bezieht sich der Evangelist auf diese so paradox klingenden Worte, um damit das Geheimnis der unsichtbaren Gegenwart des Reiches Gottes und dessen scheinbare Wirkungslosigkeit zu umschreiben. Auf den in der Tat aus menschlicher Sicht widersprüchlichen Auftrag reagiert der Prophet mit der Frage: „Gott, wie lange?" Die Deutung dieser Frage ist in der Bibelauslegung umstritten: Fragt Jesaja nach der Dauer des Auftrags oder der Wirkung? Gottes Antwort scheint in letztere Richtung zu weisen: „Bis dass die Stätte wüst und menschenleer und die Häuser verlassen und das Land brach liegt wie eine Wüste".

„Gott, wie lange?" In der Frage des Propheten schwingt ein klagender Ton mit, verbunden mit der Bitte, Gott möge sein Volk verschonen. Jesaja weiß sich an der Seite seines Volkes, empfindet und leidet mit ihm. Der Prophet ist überzeugt, dass er durch seine prophetische Aufgabe Gott nicht näher stehe als das Volk: „Weh mir, ich vergehe, denn ich bin ein Mensch mit unreinen Lippen und wohne inmitten eines Volkes mit unreinen Lippen". Es ist schwer für den Propheten, seinem Volk keine guten Zeiten ankündigen zu können. Aber es ist für ihn unmöglich, sich dem göttlichen Auftrag zu entziehen, weil

---

[131] Markus 4,10-12.

er Gott seinen Gehorsam aufkündigen müsste. In der Ankündigung einer großen Verlassenheit im Land deutet sich das babylonische Exil im 6. Jh. v. Chr. an. Es ist die bitterste religiöse und nationale Katastrophe, die das bis Mitte des 20. Jhs n. Chr. andauernde staatliche Ende des israelitisch-jüdischen Volkes einleitete.

Für das Volk damals vor über zweieinhalbtausend Jahren waren Gottes Gnade und Zuwendung erst wieder erfahrbar, nachdem es ganz tief gefallen war – wie ein gefällter Baum, von dem nur noch ein Stumpf übrigblieb. Jetzt erst konnte die Erkenntnis reifen, in welche die prophetische Berufungsgeschichte mündet: „Ein heiliger Same wird solcher Stumpf sein". Zeit des Neuanfangs.

Es gehört zur Erfahrung und Überzeugung Jesajas: Es bleibt (immer) ein Rest im Volk, der sich von Gott aufrütteln, zur Besinnung und Umkehr rufen, führen und leiten lässt. In diesem Sinn gab der Prophet einem seiner Söhne den Namen „Schear-Jaschub", der „Ein-Rest-kehrt-um" bedeutet[132]. Es gibt, so höre ich im Anklang an die Berufungsgeschichte Jesajas, auch ein Rest im Menschen, der zwischen gut und böse unterscheiden und durch eigenes verantwortliches Handeln dem Guten eine Chance geben kann. Zwar schließt alles engagierte Schaffen in Kirche und Gesellschaft die Möglichkeit von (scheinbaren) Misserfolgen ein. Dies darf aber nicht mutlos machen. Denn nicht alles lässt sich nach Effektivität, Effizienz, Zahlen und Bilanzen wirklich messen. Es gibt „einen heiligen Samen", Samen der Hoffnung, heilsamer Spross. Aus dem Schlimmsten kann Gutes entstehen. Gott sei Dank. In der Abendmahlsliturgie nimmt die christliche Gemeinde die Gotteserfahrung Jesajas auf, vergegenwärtigt sie, indem sie in das „Trishagion" der Engel mit einstimmt: „Heilig, heilig, heilig ist der Herr Zebaoth, alle Lande sind seiner Ehre voll".

---

[132] Jesaja 8,1-4.

Reich und arm

Es war aber ein reicher Mann, der kleidete sich in Purpur und kostbares Leinen und lebte alle Tage herrlich und in Freuden. Es war aber ein Armer mit Namen Lazarus, der lag vor seiner Tür voll von Geschwüren und begehrte, sich zu sättigen mit dem, was von des Reichen Tisch fiel; dazu kamen auch die Hunde und leckten seine Geschwüre. Es begab sich aber, daß der Arme starb, und er wurde von den Engeln getragen in Abrahams Schoß. Der Reiche aber starb auch und wurde begraben. Als er nun in der Hölle war, hob er seine Augen auf in seiner Qual und sah Abraham von ferne und Lazarus in seinem Schoß. Und er rief: Vater Abraham, erbarme dich meiner und sende Lazarus, damit er die Spitze seines Fingers ins Wasser tauche und mir die Zunge kühle; denn ich leide Pein in diesen Flammen. Abraham aber sprach: Gedenke, Sohn, daß du dein Gutes empfangen hast in deinem Leben, Lazarus dagegen hat Böses empfangen; nun wird er hier getröstet, und du wirst gepeinigt. Und überdies besteht zwischen uns und euch eine große Kluft, daß niemand, der von hier zu euch hinüber will, dorthin kommen kann und auch niemand von dort zu uns herüber. Da sprach er: So bitte ich dich, Vater, daß du ihn sendest in meines Vaters Haus; denn ich habe noch fünf Brüder, die soll er warnen, damit sie nicht auch kommen an diesen Ort der Qual. Abraham sprach: Sie haben Mose und die Propheten; die sollen sie hören. Er aber sprach: Nein, Vater Abraham, sondern wenn einer von den Toten zu ihnen ginge, so würden sie Buße tun. Er sprach zu ihm: Hören sie Mose und die Propheten nicht, so werden sie sich auch nicht überzeugen lassen, wenn jemand von den Toten auferstünde.

Lukas 16,19-31[133]

[133] In der Tradition des Kirchenjahres ist Lukas 16,19-31 Predigttext der Perikopenreihe I zum 1. Sonntag nach Trinitatis.

Ein Gleichnis Jesu, bekannt unter der Überschrift, die ihm Martin Luther gab: „Vom reichen Mann und armen Lazarus“. Wer hierzulande, im reicheren Teil der Welt, lebt, scheint dem reichen Mann im Gleichnis näher zu sein als dem armen Lazarus. Reich und arm, diese in Jesu Gleichnis veranschaulichte Problematik, darf in einer Zeit wachsender Armut und Verelendung des größeren Teils der Weltbevölkerung nicht ausgeklammert oder vorschnell „spiritualisiert“ werden. Denn beide Aspekte, der „äußere“ und der „innere“ Reichtum, die „äußere“ und die „innere“ Armut, dürfen nicht gegeneinander ausgespielt werden.

Der Reiche hat im Gleichnis keinen Namen. Anders der Arme, Lazarus ist sein Name. „Lazarus“ bedeutet: „Gott hilft“. Gott hilft dem Armen?[134] Ist denn ein armer Mensch besser als ein reicher? Jesus verwirft bestimmt nicht den ehrlich verdienten Reichtum, aber er spricht die Gefahren an, die lauern, wenn der Reichtum und die damit verbundene Geschäftigkeit die Wahrnehmung des wirklichen Lebens, des „Lazarus vor der Tür“, trübt.[135] Gefragt ist eine Ethik der Wahrnehmung und Zuwendung, weil der biblische Gott ein Gott ist, der das Elend sieht[136]. Darum darf ein Mensch in Not nicht übersehen werden: der kranke Mensch, der einsame, der nach Brot und Liebe hungernde, das misshandelte Kind. Für den reichen Menschen kehrte sich nach dem Tod alles um. Gottes Hilfe scheint er im Leben nicht gebraucht zu haben. Jetzt erfährt er: Was ihm im Leben wichtig war, woran er hing, hat

---

[134] Die einzigen im Gleichnis, die außer Jesus in die Nähe des durch eine (ansteckende) Hautkrankheit isolierten Armen kommen, sind die Hunde, sie lecken seine Geschwüre. Mit den damals meist verachteten Vierbeinern teilte der Arme bestimmt die Brotfladen, die der Reiche, nachdem er sie „zum Eintauchen in die Schüssel und zum Abwischen der Hände gebrauchte“, „unter den Tisch warf“ (Joachim Jeremias, Die Gleichnisse Jesu, Kurzausgabe, 3. Aufl., Göttingen 1969, S. 123).

[135] In einer jüdischen Anekdote wird ein Weiser gefragt: “Warum ist es so, daß ein Armer eher freundlich ist und hilft, wenn er kann, als ein Reicher? Der sieht einen nicht einmal an. Was ist das nur mit dem Geld? – Da antwortete ihm der Weise: „Tritt ans Fenster! Was siehst du?“ – „Nun, ich sehe eine Frau mit einem Kind an der Hand. Ich sehe einen Wagen. Er fährt zum Markt. Ich sehe viele Leute unterwegs.“ – „Gut, tritt hier zum Spiegel. Was siehst du?“ – „Mich, sonst nichts.“ – Darauf der Weise: „Siehst du, das Fenster ist aus Glas gemacht wie der Spiegel auch. Aber kaum legt man ein bisschen Silber hinter die Oberfläche, schon siehst du nur dich selbst“. (Aus: A. Schmidt-Biesalski..., Geld regiert die Welt, 1985, S. 43.)

[136] S. z. B. 1. Mose / Genesis 16,13; 2. Mose / Exodus 2,25.

nach seinem Tod, in der jenseitigen, anderen Welt, jegliche Bedeutung verloren.[137]

Für den im Gleichnis geschilderten reichen Menschen kam diese Erkenntnis zu spät. Dargestellt ist das dramatische Geschehen in Jesu Rede von der „großen Kluft“ zwischen dieser und der anderen Welt. Jesus führt diese unüberwindbare Kluft gleichnishaft vor Augen, nicht um zu verdammen, sondern zur Besinnung und Umkehr zu rufen. Er rüttelt die Menschen auf, die ähnlich wie der Reiche und seine Brüder leben. Abrahams Antwort an den Reichen „Sie haben Mose und die Propheten“ ist zugleich die Antwort Jesu: Es braucht keine Botschaft aus dem Jenseits, um sich daran im Leben zu orientieren. Es gibt die Botschaft der Bibel, sie genügt. Niemand kann sich auf Nichtwissen berufen.

Wie schwer ist es dennoch, anderen zu raten, sie zu warnen und eigene Erfahrungen so weiter zu geben, dass sie darin Hilfe finden. Dies soll aber nicht davon abhalten, sich immer wieder beherzt und aufmerksam einander zuzuwenden, sich umzuschauen, hinzusehen, wahrzunehmen und dabei im persönlichen Umfeld anzufangen. Mit der Stimme Moses und den Stimmen der Propheten verbindet sich die Stimme Jesu zu einem einzigartigen Chor, der wie aus einer anderen Welt in diese herüber klingt, sie berührt und die „große Kluft“ nicht mehr so unüberwindbar erscheinen lässt. Er lädt ein, in den Psalm mit einzustimmen: „Ich habe Freude an deinen Geboten; sie sind meine Ratgeber“[138].

---

[137] Diese dramatische Umkehrung veranschaulicht ein Traum des Sohnes des Rabbi Jehoschua ben Levi: Als das fieberkranke Kind aus seinen Träumen aufwachte, soll der Vater gefragt haben: „Was hast du gesehen?“ Das Kind antwortete: „Eine umgekehrte Welt habe ich gesehen, die Obersten zuunterst und die Untersten zuoberst.“ Darauf der Vater: „Mein Kind, eine wahre Welt hast du gesehen!“

[138] Psalm 119,24.

Sehen und finden

Am nächsten Tag stand Johannes abermals da und zwei seiner Jünger; und als er Jesus vorübergehen sah, sprach er: Siehe, das ist Gottes Lamm! Und die zwei Jünger hörten ihn reden und folgten Jesus nach. Jesus aber wandte sich um und sah sie nachfolgen, und sprach zu ihnen: Was sucht ihr? Sie aber sprachen zu ihm: Rabbi - das heißt übersetzt: Meister -, wo ist deine Herberge? Er sprach zu ihnen: Kommt und seht! Sie kamen und sahen's und blieben diesen Tag bei ihm. Es war aber um die zehnte Stunde. Einer von den zweien, die Johannes gehört hatten und Jesus nachgefolgt waren, war Andreas, der Bruder des Simon Petrus. Der findet zuerst seinen Bruder Simon und spricht zu ihm: Wir haben den Messias gefunden, das heißt übersetzt: der Gesalbte. Und er führte ihn zu Jesus. Als Jesus ihn sah, sprach er: Du bist Simon, der Sohn des Johannes; du sollst Kephas heißen, das heißt übersetzt: Fels. Johannes 1,35-42[139]

Der Evangelist Johannes erzählt von der Erfahrung der ersten Jünger Jesu, der Brüder Andreas und Simon (später: Petrus) und des Philippus und Nathanael. Johannes der Täufer kommt in Begleitung zweier seiner Jünger zum wiederholten Male zu Jesus. Er sieht ihn umhergehen und ruft aus: „Siehe, das Lamm Gottes". Es waren aber nicht diese Johannesworte, sondern die Worte Jesu, welche die beiden Johannesjünger dazu bewegten, Jesus nachzufolgen, ihm hinterher zu gehen. Im Bibeltext steht nichts Näheres über die Worte Jesu. Vermutlich waren es Worte, die in ihnen ein großes Verlangen weckten, diesem Wanderprediger zu folgen, den Rabbi kennenzulernen und seiner Lehre zu lauschen. Vielleicht hatten ihnen seine Worte etwas von der Bedeutung jenes Ausrufes aus dem Mund ihres geistlichen Lehrers Johannes aufgeschlossen – „Siehe, das Lamm Gottes".

---

[139] In der Tradition des Kirchenjahres ist Johannes 1,35-42 Predigttext der Perikopenreihe III zum 5. Sonntag nach Trinitatis.

Das Bild vom Lamm, das Johannes auf Jesus überträgt, bedeutet: tragen und ertragen, etwas „einstecken" können, wenn andere „austeilen", Geduld haben, schweigen können, wenn Worte nicht helfen. Jesus ist nicht gekommen, um Leben bzw. „Lebensqualität" zu mindern oder Lebensfreude zu nehmen, sondern um die Augen für die Fülle des Lebens zu öffnen. „Ich bin gekommen, damit sie das Leben und volle Genüge haben sollen", sagt er an einer anderen Stelle im Johannesevangelium.[140]

Dass Jesus nicht einfach „Mitläufer" wollte, lässt seine Reaktion erkennen, als er die beiden Jünger sah: „Was sucht ihr?", fragte er sie. Damit spricht sie Jesus auf ihre persönlichen Lebensfragen an, auf das, was sie bewegt und umtreibt, auf ihre Wünsche, Sorgen und Hoffnungen. Jesus nimmt sie mit seiner Frage ernst. Er sucht in ihnen nicht blinden Gehorsam, sondern eigenständige Persönlichkeiten, die ihren eigen Weg gehen, suchen und finden werden. Genug, wenn in ihnen die Sehnsucht nach einem Leben geweckt wird, das mehr ist als der Augenschein.

Auffällig ist, dass die Jünger auf die Frage Jesu, was sie suchten, nicht direkt antworten, etwa dass sie auf der Suche nach einem spirituellen Leben seien, nach etwas, was ihnen Halt gebe. Sie antworten mit einer Frage: „Rabbi, wo ist deine Herberge?" Deuten sie damit ihr brennendes Interesse an einer tieferen „Lebenspraxis" an, die sie bisher noch nicht kannten? Ist es ihnen darum so wichtig zu erfahren, wo und wie dieser Jesus lebt, von dem eine solche Anziehungskraft auf sie ausgeht?

Jesus überfällt sie nicht mit Belehrungen, sondern lässt sie an seinem Lebensalltag teilhaben. Er macht kein Geheimnis aus seiner Lebensweise, lässt sich gleichsam „in die Karten schauen". So können die Suchenden sehen, wahrnehmen, sich anregen und bewegen lassen, können sich mit

---

[140] Johannes 10,10.

dem Rabbi auseinandersetzen, sich für oder gegen ihn entscheiden, für oder gehen seine Lehre, sein „Lebenswissen“ und „Gotteswissen“. „Es war um die zehnte Stunde“, als sie am Aufenthaltsort Jesu waren, so heißt es im Bibeltext. Das war die Zeit etwa zwei bis drei Stunden vor Sonnenuntergang. Den Abend versteht man im Orient bis heute als den Beginn eines neuen Tages. Eine starke Symbolik für jene beiden Jünger. Vielleicht haben die beiden schon auf dem Weg mit ihm gesehen, wo sein eigentliches Zuhause ist:

bei dem Menschen,
der in einer schwierigen Lebenssituation Hilfe braucht,
bei dem kranken Menschen, den die Unruhe quält,
bei dem sterbenden Menschen,
der Angst hat, ins Nichts zu versinken,
bei dem traurigen Menschen,
dem auf einmal der Boden unter den Füßen weggezogen scheint.

Dort baut Gott sein Haus. In Jesus von Nazareth, dem Sohn der Maria und des Josef, hat Gott der Welt sein Gesicht zugewandt und ihr seine Gesinnung gezeigt:

Hilfesuchende dürfen nicht im Stich gelassen werden,
sie brauchen Begleitung.
Kranke dürfen nicht aufgegeben werden,
sie brauchen die fürsorgliche menschliche Nähe.
Sterbende dürfen nicht sich selbst überlassen bleiben,
sie brauchen eine Hand, die sie hält.
Traurige dürfen nicht gemieden werden,
sie brauchen ein Gegenüber, das sie auffängt und stützt.

An vielen „Baustellen“ braucht es noch Mitarbeiterinnen und Mitarbeiter, damit die vielen menschenfeindlichen „Erdenhäuser“ zu „Gotteshäusern“ werden. Gott baut sein Haus aber auch da, wo die Freude, die Lebensfreude, ist. Jesus nahm an Festen teil, er nahm die Einladung zu einer Hochzeit in Kana an und feierte in Begleitung seiner Jünger mit.[141] An jedem Festtag, den Menschen miteinander begehen, dürfen sie sich mit Jesus in guter Gesellschaft wissen wie an seinem Tisch beim (Abend-)Mahl.

Jesus ruft: „Kommt und seht!“ Wer seinen Ruf hört, hat in ihm den Christus, den Messias, gefunden, den Gott in die Welt gesandt hat, damit sie durch ihn Leben haben, Leben in Fülle. Es ist Leben für alle, heiliges, durch Gott geheiligtes Leben. Einander wie Andreas seinen Bruder Simon an die Hand nehmen, im eigentlichen und übertragenen Sinn. Alle sollen die Chance haben, das verheißenen Leben zu finden. Dafür setzte sich Jesus mit unendlicher Geduld und Liebe ein. „Siehe, das Lamm Gottes“ – „Kommt, und ihr werdet sehen“.

[141] Johannes 2,1-11.

Erntedank

Und Gott der HERR nahm den Menschen und setzte ihn in den Garten Eden, daß er ihn bebaute und bewahrte. 1. Mose / Genesis 2,15

Saat und Ernte

Erntedank –
geöffnete Hand,
wie eine Schale gefüllt mit Weizenkörnern.
Ich staune über die Winzlinge.
Bald wird Mehl daraus gemahlen
und Brot gebacken.

Erntedank –
sich besinnen,
wovon und wofür der Mensch lebt.
Wird der Hunger gestillt,
kehren Gerechtigkeit und Frieden ein?
„Unser tägliches Brot gib uns heute."[142]

Erntedank –
alle Menschen haben,
was sie brauchen,
sind e i n Brot,
aus vielen Körnern gebacken,
Gemeinschaft, die stärkt.

---

[142] Matthäus 6,11.

Erntedank –

Erinnerung an die Schöpfung[143] aus Gottes Hand,

den Auftrag,

sie zu bebauen und zu bewahren[144],

Gerechtigkeit zu säen,

nach dem Maß der Liebe zu ernten[145].

---

[143] Zum Thema Schöpfung im Alten Testament: Gerhard von Rad, Theologie des Alten Testaments, Bd. 1, 5. Aufl., München 1966, S. 149ff.; C. Westermann, Theologie des Alten Testaments in Grundzügen, ATD Ergänzungsreihe, Grundrisse zum Alten Testament, Bd. 6, Göttingen 1978, S. 72ff.; Werner H. Schmidt, Alttestamentlicher Glaube in seiner Geschichte, 6. Aufl., Neukirchen-Vluyn 1987, S. 197ff.; Walther Zimmerli, Grundriß der alttestamentlichen Theologie, 7. Aufl., Stuttgart 1999, Theologische Wissenschaft, Sammelwerk für Studium und Beruf, Bd. 3, S. 24ff. und 147ff.; Jörg Jeremias, Die Verwendung des Themas Schöpfung im Alten Testament, in: Schöpfungsglaube und Umweltverantwortung. Eine Studie des Theologischen Ausschusses der VELDK, Hannover 1985, S. 101-145.

[144] 1. Mose / Genesis 2,15.

[145] Die letzten beiden Zeilen nehmen den Aufruf des Propheten Hosea (8. Jh. v. Chr.) auf, Hosea 8,12: „Säet Gerechtigkeit und erntet nach dem Maße der Liebe! Pflüget ein Neues, solange es Zeit ist, den HERRN zu suchen, bis er kommt und Gerechtigkeit über euch regnen läßt!“, vgl. z. St. Jörg Jeremias, Der Prophet Hosea, ATD 24/1, Göttingen 1983, S. 102ff.

Reformation

Einen andern Grund kann niemand legen als den, der gelegt ist, welcher ist Jesus Christus. 1. Korinther 3,11

Heilige Familie Kirche

Reformation –
zurück
zu den Wurzeln,
wieder
aus der Quelle schöpfen,
„sola scriptura“[146].

Reformation –
im Atem Gottes leben.
Komm, heilige Geisteskraft,
wirke Glauben,
schaffe Vertrauen,
„sola fide“[147].

Reformation –
täglich sich besinnen
auf das Fundament,
das trägt,

---

[146] „Sola scriptura – sola fide – sola gratia“: „Allein durch die (Heilige) Schrift – Allein durch den Glauben – Allein durch die Gnade“. In diesem Dreiklang ist die reformatorische Überzeugung zum Ausdruck gebracht, dass sich die christliche Kirche allein an der Bibel als dem Wort Gottes orientiert (nicht an der Tradition) und der Mensch vor Gott allein durch den Glauben und Gottes Gnade (nicht durch Werke) gerecht ist.

[147] S. vorige Anmerkung.

Christus Jesus,
„sola gratia“[148].

Reformation –
„Einen andern Grund
kann niemand legen“.[149]
Gründe dich
im Evangelium,
der guten Nachricht.

Reformation –
du bist herausgerufen,
wirst gerufen
in die Welt,
den Schrei der Menschen,
das Seufzen der Schöpfung[150].

[148] S. Anm. 145.
[149] 1. Korinther 3,11.
[150] Römer 8,22.

Volkstrauertag

Gerechtigkeit erhöht ein Volk; aber die Sünde ist der Leute Verderben.

Sprüche / Proverbien 14,34

Gute Tage

Gott,
du bist voller Güte und Frieden.
Wir Menschen aber
bereiten einander böse Tage.

Stärke uns auf dem Weg deiner Gebote,
damit wir gute Tage sehen.
Durch Jesus,
deinen Christus, den Messias,

der uns ein leuchtendes Beispiel ist
und mit dir und dem Heiligen Geist
lebt und regiert
von Ewigkeit zu Ewigkeit.[151]

---

151 Der Text findet sich in anderer Form in Verbindung mit meiner Predigt unter dem Titel „Methoden Gottes, nicht des Teufels – oder: Auf die Kleidung kommt es an" zu Epheser 6,10-17, in: Pastoralblätter. Predigt – Seelsorge – Die Praxis, 144. Jg., 2004, S. 731-736, hier S. 735.

Selig sind die Friedfertigen; denn sie werden Gottes Kinder heißen.

Matthäus 5,9

Frieden

Groß und ungestillt
ist die Sehnsucht
nach Frieden.
Frieden kommt nicht einfach so,
nicht von ungefähr.
Kein Zufall, wenn Menschen friedlich,
einfühlsam, verstehend, liebend
miteinander umgehen.

Frieden ist Seelenarbeit,
bedachtes Tun und Lassen,
mit Herz und Vernunft,
braucht Fantasie,
manchmal List,
Klugheit ohne Falsch,
baut auf,
bezieht ein.

Frieden hört, sieht, empfindet,
pflegt Gemeinschaftssinn,
bewahrt die Schöpfung,
setzt alle Kräfte ein,
ist erfinderisch
für das Leben.
Mensch,

„wo bist du?“[152]

Wie lange noch,
wie lange
ist der Mensch
des Menschen Feind,
übt er Gewalt,
verletzt,
zerstört,
verwüstet?

„Sie werden künftig nicht mehr lernen,
Krieg zu führen“[153] –
prophetische Friedensvision,
keine Utopie,
Frieden ist möglich,
hier und heute.
„Glücklich, die Frieden schaffen“[154],
ruft Jesus von Nazareth.

---

[152] 1. Mose / Genesis 3,9.
[153] Jesaja 2,4; Micha 4,3.
[154] Matthäus 5,9.

Da werden sie ihre Schwerter zu Pflugscharen und ihre Spieße zu Sicheln machen. Denn es wird kein Volk wider das andere das Schwert erheben, und sie werden hinfort nicht mehr lernen, Krieg zu führen. Jesaja 2,4

Wi(e)der Krieg[155]

Gott, deine Schöpfung,
die Menschen, die Tiere,
die Pflanzen –
der Krieg zerstört,
der Krieg entzweit,
der Krieg macht stumm,
der Krieg bringt Tod.
Kyrie, eleison.

Gott, deine Wohltaten,
deine Liebe,
deine Wahrheit,
dein Frieden –
wann wird dein Weg erkannt,
unter allen Völkern
dein Heil?
Kyrie, eleison.

Gott, dein Segen,
dein Atem, Licht und Leben –
wann wird es sein,
dass kein Volk mehr auf ein anderes

[155] In Anlehnung an Psalm 67 und Jesaja 2,1-5.

mit Waffen losgeht,
dass niemand mehr lernt,
Krieg zu führen?[156]
Kyrie, eleison.

Gott, dein guter Geist,
deine Gebote,
dein Wohlwollen,
dein Recht –
wann wird es dir gedankt,
wann bringen dir die Völker
ungeteilte Beachtung?
Kyrie, eleison.

Gott, deine Schöpfung,
die Erde, das Wasser, die Berge –
sie zu bebauen und zu bewahren,
hast du die Menschen beauftragt[157].
Werden künftige Generationen
die Früchte
noch ernten können?
Kyrie, eleison.

---

[156] Jesaja 2,4; Micha 4,3.
[157] 1. Mose / Genesis 2,15.

In der Welt habt ihr Angst; aber seid getrost, ich habe die Welt überwunden.

Johannes 16,33

Katastrophen

Bedrängende Bilder von Katastrophen.
Menschen
kämpfen um ihr Überleben,
den Tod vor Augen.
Not, Leid, Tod.
Schmerz, Verzweiflung, Trauer.
Bange Ungewissheit.
Wie geht es weiter?
Kyrie, eleison.

Wie mit den Schreckensmeldungen umgehen?
Warum nur, Gott, warum?
Siehst du nicht das Ausmaß der Verheerung,
hörst du nicht die Schreie deiner Geschöpfe?
Warum greifst du nicht ein
wie damals, als du der großen Flut[158] wehrtest,
dein geknechtetes Volk befreitest[159]?
Hättest du die Katastrophe verhindern können?
Kyrie, eleison.

„In der Welt habt ihr Angst,
aber seid getrost,
ich habe die Welt überwunden“,

---

[158] 1. Mose / Genesis 6-9.
[159] 2. Mose / Exodus 14.

sprichst du, Jesus von Nazareth. [160]
„Nichts kann uns scheiden
von der Liebe Gottes“,
schreibst du, Paulus von Tarsus[161].
Nichts hat letzte Macht über uns.
Kyrie, eleison.

Auf die Stimmen möchte ich hören,
die betroffen und ratlos
Gottes Liebe[162] erinnern,
sein empfindsames und mit leidendes Herz[163],
gegen die bitteren Erfahrungen.
Mit einstimmen möchte ich in das Gotteslob:
„Barmherzig und gnädig ist Gott,
geduldig und von großer Güte.“[164]
Kyrie, eleison.

---

[160] Johannes 16,33.
[161] Römer 8,38f.
[162] 1. Johannes 4,16.
[163] 1. Mose / Genesis 8,21f.; 2. Mose / Exodus 34,6; Hosea 11,8.
[164] Psalm 103,8, vgl. 2. Mose / Exodus 34,6.

Buß- und Bettag

Seid barmherzig, wie auch euer Vater barmherzig ist. Und richtet nicht, so werdet ihr auch nicht gerichtet. Verdammt nicht, so werdet ihr nicht verdammt. Vergebt, so wird euch vergeben. Gebt, so wird euch gegeben. Ein volles, gedrücktes, gerütteltes und überfließendes Maß wird man in euren Schoß geben; denn eben mit dem Maß, mit dem ihr meßt, wird man euch wieder messen. Lukas 6,36-38

Geduld

Gott, du zeigst mir gute Wege.
In Freude und Verzagtheit gehst du mit.
Du hast Geduld.
Wie schnell empöre ich mich über andere,
wie schnell bin ich fertig mit ihnen.

Bewahre mir das Gespür und die Betroffenheit,
wenn ich andere verletze.
Lass mich vorsichtig, nicht vorschnell, urteilen,
damit ich Wege nicht verbaue,
nicht verhindere, was weiter führt.

In Jesus von Nazareth
hast du allen Menschen dein Herz zugewandt.
Hilf mir, in Konflikten nicht nur mich selbst,
sondern auch den anderen zu sehen.
In Schwierigkeiten gib langen Atem.[165]

---

[165] Der Text findet sich in anderer Form in Verbindung mit meiner Predigt unter dem Titel „...aber Gott gedachte es gut zu machen“ zu 1. Mose / Genesis 50,15-21, in: Pastoralblätter. Predigt – Seelsorge – Die Praxis, 145. Jg., 2005, S. 449-453, hier S. 453.

Wenn ihr bleiben werdet an meinem Wort, so seid ihr wahrhaftig meine Jünger und werdet die Wahrheit erkennen, und die Wahrheit wird euch frei machen.

Johannes 8,31-32

Bleiben

Werden die Kirchenbänke leer
bleiben,
auch wenn Buß- und Bettag
kein Feiertag mehr ist?

Die Einladung
zu Besinnung und Gebet
vor Gott
bleibt.

Die Kirchenbänke
an diesem Tag
dürfen nicht leer
bleiben.

Gottes Türen
bleiben
für dich
offen,

sein Herz
bleibt
dir
zugewandt.

Ich will
bleiben
in Gottes Haus
mein Leben lang[166].

„Wenn ihr
bleiben
werdet
an meinem Wort,

so seid ihr
wahrhaftig
Lernende“[167]
sagt Jesus,

„und werdet
die Wahrheit erkennen,
und die Wahrheit
wird euch frei machen“[168].

---

[166] Psalm 23,6; 27,4.
[167] So die wörtliche Übersetzung des griechischen Wortes *mathaetaés* (hier Plural *mathaetaí*), das im Deutschen seit Martin Luther gewöhnlich mit „Jünger“ wiedergegeben wird.
[168] Johannes 8,31f.

Barmherzig und gnädig ist der GOTT[169]*, geduldig und von großer Güte.*

Psalm 103,8

Miteinander leben

Gott, du wendest dich deinen Geschöpfen zu,
unendlich geduldig, unergründlich barmherzig.

Bewahre mich vor der Überheblichkeit gegenüber Menschen,
die anders leben und anders glauben als ich.

Du hast alle geschaffen, sie gehören zu dir.
Deinen Weg halte mir vor Augen, heute und jeden Tag,

damit ich mit anderen nicht ungeduldig und hartherzig umgehe,
sondern mit ihnen glaube, hoffe und liebe,

durch Jesus, deinen Sohn und Christus,
unseren Bruder.[170]

---

[169] S. Anm. 108.

[170] Der Text findet sich in anderer Form in Verbindung mit meiner Predigt unter dem Titel „Barmherzigkeitsgefäße" zu Römer 9,14-24, in: Pastoralblätter. Predigt – Seelsorge – Die Praxis, 148. Jg., 2008, S. 33-37, hier S. 37.

Tod und Ewigkeit

Lehre uns bedenken, daß wir sterben müssen, auf daß wir klug werden.

Psalm 90,12

Vertrauen

Am letzten Sonntag des Kirchenjahres gedenkt die christliche Gemeinde der Entschlafenen und betet für die Angehörigen. Trostworte aus der Bibel und Lieder aus dem Evangelischen Gesangbuch möchten sie auf dem Weg der Trauer begleiten.[171]

Das Evangelium[172] zum Ewigkeitssonntag, dem letzten Sonntag des Kirchenjahres, mündet in den Ruf Jesu zur Wachsamkeit: „Wachet", ruft Jesus mit dem Gleichnis von den zehn Jungfrauen auf, die ihre Lampen nahmen und hinausgingen, dem Bräutigam entgegen. Als sie schon alle nach längerem Warten müde waren, wurde um Mitternacht sein Kommen

---

[171] Zur Entstehung dieses meditativen Weges zum Ewigkeitssonntag vgl. die Erstveröffentlichung der hier überarbeiteten Fassung: Heinz Janssen, Meditation für Leidtragende, in: Pastoralblätter. Predigt und Seelsorge in der Praxis, 134. Jg., 1994, S. 99-102 und S. 6647-650). Die Texte eignen sich außer für den persönlichen Weg der Trauer auch als liturgisches Formular. Die Liedstrophen können dann – die kirchenmusikalische Tradition der sog. „Orgelstrophe" aufnehmend – durch jeweils einen Orgelchoral erklingen, während die Gottesdienstteilnehmenden die Gelegenheit haben, Melodie und Liedtext auf sich wirken zu lassen. Bibelworte und Liedstrophen sind sinnvollerweise ausgeteilt.

[172] Matthäus 25,1-13: Dann wird das Himmelreich gleichen zehn Jungfrauen, die ihre Lampen nahmen und gingen hinaus, dem Bräutigam entgegen. Aber fünf von ihnen waren töricht, und fünf waren klug. Die törichten nahmen ihre Lampen, aber sie nahmen kein Öl mit. Die klugen aber nahmen Öl mit in ihren Gefäßen, samt ihren Lampen. Als nun der Bräutigam lange ausblieb, wurden sie alle schläfrig und schliefen ein. Um Mitternacht aber erhob sich lautes Rufen: Siehe, der Bräutigam kommt! Geht hinaus, ihm entgegen! Da standen diese Jungfrauen alle auf und machten ihre Lampen fertig. Die törichten aber sprachen zu den klugen: Gebt uns von eurem Öl, denn unsre Lampen verlöschen. Da antworteten die klugen und sprachen: Nein, sonst würde es für uns und euch nicht genug sein; geht aber zum Kaufmann und kauft für euch selbst. Und als sie hingingen zu kaufen, kam der Bräutigam; und die bereit waren, gingen mit ihm hinein zur Hochzeit, und die Tür wurde verschlossen. Später kamen auch die andern Jungfrauen und sprachen: Herr, Herr, tu uns auf! Er antwortete aber und sprach: Wahrlich, ich sage euch: Ich kenne euch nicht. Darum wachet! Denn ihr wißt weder Tag noch Stunde.

ausgerufen, mitten in der Nacht. – „Wachet auf, ruft uns die Stimme…“ (EG 147,1):

Wachet auf, ruft uns die Stimme der Wächter sehr hoch auf der Zinne, wach auf, du Stadt Jerusalem! Mitternacht heißt diese Stunde, sie rufen uns mit hellem Munde: Wo seid ihr klugen Jungfrauen? Wohlauf, der Bräutigam kömmt, steht auf, die Lampen nehmt! Halleluja! Macht euch bereit zu der Hochzeit; ihr müsset ihm entgegengehn.

Jenen letzten Abschied von einem Menschen nehmen zu müssen, lässt schmerzlich bewusst werden, wie hinfällig, vergänglich und kurz das Leben ist (Psalm 103,15f): „Ein Mensch ist in seinem Leben wie Gras, er blüht wie eine Blume auf dem Felde; wenn der Wind darüber geht, so ist sie nimmer da, und ihre Stätte kennt sie nicht mehr“. – „Ach wie flüchtig, ach wie nichtig ist der Menschen Leben…“ (EG 528,1):

Ach wie flüchtig, ach wie nichtig ist der Menschen Leben! Wie ein Nebel bald entstehet und auch wieder bald vergehet, so ist unser Leben, sehet!

Die Verstorbenen zu beweinen, ist kein Ausdruck mangelnden Gottvertrauens oder schwachen Glaubens. Gott sieht nicht nur die Tränen, sondern er fängt sie sogar wie kostbares Wasser auf. Von dieser Gewissheit lebt die Bitte (Psalm 56,9): „Sammle meine Tränen in deinen Krug; ohne Zweifel, du zählst sie“. – „Wie dirs und andern oft ergehe, ist ihm wahrlich nicht verborgen…“ (EG 371,3):

Wie dirs und andern oft ergehe, ist ihm wahrlich nicht verborgen; er sieht und kennet aus der Höhe der betrübten Herzen Sorgen. Er zählt den Lauf der heißen Tränen und faßt zu Hauf all unser Sehnen. Gib dich zufrieden!

„Aber ich weiß, dass mein Erlöser lebt", bekannte Hiob (Hiob 19,25), obwohl er sich in seinem Leid von Gottes Hand schwer getroffen fühlte. Hiob antwortete mit diesem Bekenntnis Bildad, einem seiner Freunde, die ihn ständig mit der Frage nach einer Ursache seines Unglücks bedrängten. Lernen möchte ich von Hiob. Auch im unverständlichen Leid wusste er sich unter Gottes Schutz. – „Und meines Glaubens Unterpfand ist, was er selbst verheißen…" (EG 374,5):

Und meines Glaubens Unterpfand ist, was er selbst verheißen, daß nichts mich seiner starken Hand soll je und je entreißen. Was er verspricht, das bricht er nicht, er bleibet meine Zuversicht; ich will ihn ewig preisen.

Wie bin ich aufgelöst vor Trauer, aber ich will geduldig auf die Hilfe Gottes warten (Psalm 42,6): „Was betrübst du dich, meine Seele, und bist so unruhig in mir? – Harre auf Gott; denn ich werde ihm noch danken, dass er meines Angesichts Hilfe und mein Gott ist". – „O mein Herr Jesu Christ…" (EG 345,4):

O mein Herr Jesu Christ, der du geduldig bist für mich am Kreuz gestorben, hast mir das Heil erworben, auch uns allen zugleiche das ewig Himmelreiche.

Welch ein Trost, dass Gott um meine auch nur leisesten inneren Regungen weiß und immer bei mir ist, sogar bei den Toten (Psalm 139, 2-3.5.8): „Du verstehst meine Gedanken von ferne. Ich gehe oder liege, so bist du um mich und siehst alle meine Wege... Von allen Seiten umgibst du mich und hältst deine Hand über mir... Führe ich gen Himmel, so bist du da; bettete ich mich bei den Toten, so bist du auch da". – „Gott ist gegenwärtig…" (EG 165,1):

Gott ist gegenwärtig. Lasset uns anbeten und in Ehrfurcht vor ihn treten. Gott ist in der Mitten. Alles in uns schweige und sich innigst vor ihm beuge. Wer ihn kennt, wer ihn nennt, schlag die Augen nieder; kommt, ergebt euch wieder.

„Da redete Gott mit Noah und sprach: Geh aus der Arche, du und deine Frau und deine Kinder und alle Tiere, die bei dir sind" (1. Mose / Genesis 8,15-17). – Hoffen möchte ich mit Noah: Lange Zeit hat er in der Arche zugebracht, bis sich die Tür geöffnet hatte. Bedrängendes war geschehen, aber Gott bewahrte ihn in der großen Flut. Noah durfte heraufsteigen wie aus einem Grab. Seine Füße konnten wieder den Erdboden spüren und trugen ihn in das neugeschenkte Leben. – „Hoff, o du arme Seele..." (EG 361,6):

Hoff, o du arme Seele, hoff und sei unverzagt! Gott wird dich aus der Höhle, da dich der Kummer plagt, mit großen Gnaden rücken; erwarte nur die Zeit, so wirst du schon erblicken die Sonn der schönsten Freud.

Jesus, der Christus Gottes, spricht (Johannes 16,33): „In der Welt habt ihr Angst; aber seid getrost, ich habe die Welt überwunden". Die Hoffnung und der Trost des Evangeliums heben die Trauer nicht einfach auf. Auch Christen sind vom Tod angefochten und tun sich schwer mit der unabwendbaren Tatsache, „mitten im Leben mit dem Tod umfangen"[173] zu sein. Aber die Botschaft von Jesu Auferstehung will alle Trauernden ermutigen, „aufzustehen", weiter zu gehen und sich dem Leben mit all seinen Gaben und Aufgaben erwartungsvoll zuzuwenden. – „Bei dir, Jesu, will ich bleiben..." (EG 406,1):

Bei dir, Jesu, will ich bleibe, stets in deinem Dienste stehn; nichts soll mich von dir vertreiben, will auf deinen Wegen gehn. Du bist meines Lebens Leben, meiner Seele Trieb und Kraft, wie der Weinstock seinen Reben zuströmt Kraft und Lebenssaft.

---

[173] Lied EG 518.

Die Offenbarung des Johannes stellt eine Neue Welt vor Augen, die in Trauer und für die Toten hoffen lässt (Offenbarung 21,4-5): „Und ich hörte eine große Stimme von dem Thron her, die sprach: Siehe da, die Hütte Gottes bei den Menschen! Und er wird bei ihnen wohnen, und sie werden sein Volk sein, und er selbst, Gott mit ihnen, wird ihr Gott sein; und Gott wird abwischen alle Tränen von ihren Augen, und der Tod wird nicht mehr sein, noch Leid noch Geschrei noch Schmerz wird mehr sein; denn das erste ist vergangen. Und der auf dem Thron saß, sprach: Siehe, ich mache alles neu!" – „Die Nacht ist vorgedrungen…" (EG 16,1):

Die Nacht ist vorgedrungen, der Tag ist nicht mehr fern. So sei nun Lob gesungen dem hellen Morgenstern! Auch wer zur Nacht geweinet, der stimme froh mit ein. Der Morgenstern bescheinet auch deine Angst und Pein.

An Gottes Segen ist alles gelegen

„Wenn Gott nicht das Haus baut, so arbeiten umsonst, die daran bauen. Wenn Gott nicht die Stadt behütet, so wacht der Wächter umsonst."

Psalm 127,1

„Wenn Gott[174] nicht das Haus baut..." Gott will im menschlichen Planen, Bauen und Wohnen einbezogen sein. Ohne Gottes Segen alles vergebliche (Liebes-)Mühe. [175] Welch eine Relativierung menschlicher Geschäftigkeit, des Eifers, der Rastlosigkeit. „Seinen Freunden gibt er es im Schlaf", so ist in der Mitte des Psalms zu lesen. Da ist also noch etwas Anderes als Mühe und Arbeit. Es wäre darum zu wenig, wenn Menschen rückblickend einander nur dies zu sagen hätten: „Müh' und Arbeit war sein / ihr Leben..." Leben ist mehr. Wer sehnt sich nicht danach, mehr, bewusster, intensiver zu leben. Jeden Tag eine kreative Pause, ein Atemholen der Seele, die nötige Ruhe. Jene Mitte des Psalms lässt sich nach dem hebräischen Wortlaut auch so verstehen: Gott will nicht, dass ich mich überfordere, sondern gibt, gönnt mir den Schlaf.

„Wenn Gott nicht das Haus baut...Wenn Gott nicht die Stadt behütet..." Haus und Stadt sind elementare Symbole für Geborgenheit und Schutz. Erschreckend, wie viele Menschen keine Bleibe haben, keinen Wohnort, der ihnen Sicherheit gibt. Die Psalmworte laden ein, auf die Bausteine zu achten, mit denen Gott das Haus baut, damit es ein Lebenshaus wird, auf festen Grund gebaut, und es nicht wie ein Kartenhaus zusammenfällt, ein offenes Haus, in dem Menschen willkommen sind. Unter der Stadt soll kein menschenfeindliches Kanalsystem entstehen, welches einfühlsam gestaltete

---

[174] In Abweichung von der Übersetzung Martin Luthers gebe ich das Tetragramm des israelitisch-jüdischen Gottesnamens durch „Gott" wieder.

[175] Vgl. Lied EG 352 „Alles ist an Gottes Segen und an seiner Gnad gelegen" und Heinz Janssen, Der Monatsspruch..., in: Pastoralblätter. Predigt – Gottesdienst – Seelsorge – Die Praxis, 144. Jg., 2004, S. 627f.

Beziehungen vergiftet und zerstört. Menschen werden zu lebendigen Bausteinen für das Haus, das Gott baut. Sie werden zu Bürgerinnen und Bürgern, welche in einer Stadt, einem Dorf, an ihrem Platz behutsam darüber wachen, dass die Sicherheit der Mitbürger und Mitbürgerinnen nicht gefährdet und die Gemeinschaft gestärkt wird.

Wachsam sein, bereit zur Selbstkontrolle und selbstkritischen Gesinnung, den Blick nach außen wie nach innen. Eigenverantwortlich leben und handeln. Wachsam sein für das Bauen und Behüten Gottes. Sich Tag für Tag in dem Vertrauen üben, dass Gott seinen Segen auf Haus, Stadt und Dorf legt und sie beschützt. Nichts wird umsonst sein, nichts vergeblich, wenn Menschen in Gottes Namen bauen, ihr Leben, ihre Beziehungen gestalten, verantwortlich mit Gottes Schöpfung umgehen.

„Wenn Gott nicht das Haus baut...Wenn Gott nicht die Stadt behütet..." Vielleicht sind dies die passenden Worte für einen Menschen, der in einer schwierigen Lebenssituation ist, vor einer schweren Entscheidung oder Prüfung steht, vor beruflicher Veränderung und einem Ortswechsel. Vielleicht für ein Brautpaar, das sich auf den gemeinsamen Lebensweg vorbereitet und vom Familienglück träumt. Gott baut, Gott behütet. Ein Segen, dass in seinem Haus nach den Worten Jesu von Nazareth viele Wohnungen sind[176].

---

[176] Johannes 14,1.

Bibelstellenverzeichnis

Verzeichnis der Bibeltexte nach dem Kirchenjahr

177 Bzw. Buß- und Bettag.
178 Bzw. Aschermittwoch.
179 „Marginale" (M) Predigttexte bieten Alternativen zu den Predigttexten der traditionellen Perikopenreihen.

180 Bzw. Buß- und Bettag.
181 Bzw. Gedenktag des Apostels Andreas.
182 Bzw. Bittgottesdienst um die Ausbreitung des Evangeliums.
183 Bzw. Volkstrauertag / Bittgottesdienst um Frieden.
184 Bzw. Gedenktag der Reformation.

Kirchenjahr	Predigttext	Perikopenreihe	Seite
15. So. n. Tr.	1. Mose 2,4b-9 (10-14)15	VI	50
15. So. n. Tr.[185]	Psalm 127,1-2		124
16. So. n. Tr.	Johannes 11,1-45	I	62
16. So. n. Trinitatis	Jesaja 38,9-20	M	91
17. So. n. Tr.	Hebräer 11,1-3	M	64
19. So. n. Tr.	Psalm 32,1-11		31
21. So. n. Tr.	1. Korinther 12,12-27	VI	53
Drittletzter Sonntag des Kirchenjahres[186]	Psalm 90,1-14(15-17)		119
Volkstrauertag[187]	Sprüche 14,34		108
Gedenktag der Reformation[188]	Matthäus 5,2-10	I	90.109
Konfirmation	Johannes 6,66-69	III	32

[185] Bzw. Bitttag um gesegnete Arbeit / Erntebitte / Hagelfeiertag.
[186] Bzw. Letzter Sonntag des Kirchenjahres / Ewigkeitssonntag / Gedenktag der Entschlafenen / Totensonntag.
[187] Bzw. Bittgottesdienst um Frieden.
[188] Bzw. Bittgottesdienst um Frieden.

Literaturhinweise

Bibeltextausgaben

Biblia Hebraica Stuttgartensia, 5. Aufl., 1997

Biblia Hebraica Quinta, Teilausgabe 2004, 2006

Septuaginta..., hg. v. Alfred Rahlfs, 9. Aufl., Stuttgart 1971

Novum Testamentum Graece, 27. Aufl., 1993

Bibelübersetzungen

D. Martin Luther, Die gantze Heilige Schrifft Deudsch 1545 / Auffs new zugericht, hg. v. Hans Volz, München 1972

Die Bibel nach der Übersetzung Martin Luthers, Revision 1984

Zürcher Bibel, 2007

Septuaginta Deutsch. Das griechische Alte Testament in deutscher Übersetzung, hg. v. Wolfgang Kraus und Martin Karrer, Stuttgart 2009

Die Schrift – verdeutscht von Martin Buber gemeinsam mit Franz Rosenzweig, Berlin u. a. 1926ff., revidierte Neuausgabe Gütersloh 1999

(Neue) Elberfelder Bibel, 1993

(Neue) Wuppertaler Studienbibel, 1953ff.

Die Bibel. Die Heilige Schrift des Alten und Neuen Bundes. Deutsche Ausgabe mit den Erläuterungen der Jerusalemer Bibel, 17. Aufl., 1968

Die Bibel Altes und Neues Testament. Einheitsübersetzung, 1980

Die Menge Bibel, 2008

Neue Genfer Übersetzung, 2008

Gute Nachricht Bibel. Altes und Neues Testament. Mit den Spätschriften des Alten Testaments (Deuterokanonische Schriften / Apokryphen), 1997 / 2008

Stuttgarter Altes Testament. Einheitsübersetzung mit Kommentar und Lexikon, hg. v. Erich Zenger, 3. Aufl., Stuttgart 2005
Bibel in gerechter Sprache, 3. Aufl., 2007
Münchener Neues Testament, 2007
Online-Bibelausgaben, z. B. www.die-bibel.de

Bibel-Konkordanz

Große Konkordanz zur Lutherbibel, 2001
Bibel von A bis Z. Wortkonkordanz zur Lutherbibel, 2001
Zürcher Bibelkonkordanz. Vollständiges Wort-, Namen- und Zahlenverzeichnis zur Zürcher Bibelübersetzung mit Einschluss der Apokryphen, 3 Bände, 2003
Bibelkonkordanz im Internet, z. B. www.bibelkonkordanz.de

Bibelkommentare

Biblischer Kommentar zum Alten Testament, 1968ff.
Altes Testament Deutsch, 1981ff.
Neues Testament Deutsch, 1982ff.
Zürcher Bibelkommentare Altes Testament, 1960ff.
Züricher Bibelkommentare Neues Testament, 1972ff.
Erklärt. Der Kommentar zur Zürcher Bibel, 2010
Die Neue Echter Bibel, Altes Testament, 1984ff.
Die Neue Echter Bibel, Neues Testament, 1988ff.
Evangelisch Katholischer Kommentar zum Neuen Testament, 1975ff.
Ökumenischer Taschenbuchkommentar, 1977ff.
Roland Gradwohl, Bibelauslegungen aus jüdischen Quellen, 1986ff.

Lexika

Calwer Bibellexikon, 2. Aufl., 2006
Evangelisches Lexikon für Theologie und Gemeinde, 1992-1994
Das wissenschaftliche Bibellexikon im Internet: www.wibilex.de

Einführungen zur Bibel

Jan Christian Gertz (Hg.), Grundinformation Altes Testament, 4. Aufl., 2010
Christoph Levin, Das Altes Testament, 3. Aufl., 2006
Udo Schnelle, Einleitung in das Neue Testament, 6. Aufl., 2008
Gerd Theißen, Das Neue Testament, 4. Aufl., 2010

Zugänge zur Bibel

Uta Pohl-Patalong, Bibel lesen. Die Kraft der heiligen Texte, 2010
Manfred Oeming, Biblische Hermeneutik. Eine Einführung, 1998
Das Buch Gottes. Elf Zugänge zur Bibel. Ein Votum des Theologischen Ausschusses der Arnoldshainer Konferenz, 1992
Isa Breitmaier, Luzia Sutter Rehmann (Hg.), Gerechtigkeit lernen. Lehren und lernen mit der Bibel in gerechter Sprache, Band 1, Gütersloh 2008

Dem Andenken an

Johanna Janssen geb. Benzing (1948 - 1991)

Heinrich Janssen (1912 - 1991)

Lina Janssen geb. Willm (1920 - 1996)

Nikolaus Willm (1892-1960)

Katharina Willm geb. Metzger (1897-1968)

Printed by Books on Demand GmbH, Norderstedt / Germany